シリーズ「遺跡を学ぶ」別冊 05　新泉社

ビジュアル版

考古学ガイドブック

小野　昭

目次

01 考古学・考古学者とは
さまざまな考古学 4

02 なぜ発掘調査がおこなわれているのか
学術発掘と緊急発掘 8

03 考古学は3Kな仕事？
いろんな発掘があるものだ 12

04 発掘は最大の武器
発掘調査の新しい手法と目と手の判断 16

05 土器の編年が考古学を鍛えてきた
土器編年を組み立てる 20

06 さまざまな時間感覚
時間は下っていくのか上っていくのか 24

07 考古学の「時間」
時間にはさまざまな「幅」がある 28

08 「同時に存在した」ってどういうこと？
「同時」をどうとらえるのか 32

09 どうやって「時代」を区分しているのか
世界の時代区分 36

10 私たちの朝の食卓が後世に発掘されると
生活の解明 40

11 実測図に惑わされるな
実測図の特徴 44

12 分布論に冒険する
分布から見えてくるもの 48

装幀　新谷雅宣
本文レイアウト　菊地幸子
図版　松澤利絵・菊地幸子

13 比較の大いなる可能性 52
● 比較は歴史的方法と結びついてはじめて効力を生む

14 復元とそれを確かめるには 56
● 復元模型の製作と検証

15 文化財は残ったのではなく作られる？ 60
● 新たな目で見た文化財

16 太古の人骨のあつかいに制限はあるのか 64
● 遺体・遺骨と考古学

17 分布の広がりと国家 68
● 考古学と国家

18 多様化・国際化する考古学 72
● 研究・支援・普及で世界をむすぶ

19 私の歴史？ 他者の歴史？ 76
● 感情を移入して過去を抱きしめればいいのか

20 考古学者が書いた歴史は面白くない？ 80
● 考古学者のさまざまな試み

21 遺跡は誰のものか 84
● 現代社会と文化財

あとがき 88
参考文献 90
引用文献 92
写真提供・図版出典 93

考古学・考古学者とは 01

考古学と聞いて何をイメージするでしょうか。

世紀の新発見、誰も知らなかった太古の人びとの暮らしの解明、インディー・ジョーンズのような探検や冒険を思い描くかもしれません。みな、考古学に付随するさまざまな姿を反映したものです。新聞、テレビをはじめ、さまざまなメディアを介して考古学のイメージが生みだされ定着に一役買っています。記事や放映のカメラアイは発見の場や時を選ぶので、そこにいたるまでの地味で、はるかに長い時間を費やす作業のことは報道されません。

「ロマンがあっていいですね」と言われます。考古学研究者がもっとも違和感を覚える瞬間でしょう。なぜか。人類の無限に多様な生活痕跡の一端が明らかになれば、そこにはあこがれや冒険や夢をかきたてる何かがあるかもしれません。しかし、考古学者の日々の作業にはロマンの入り込む余地はほとんどありません。「いにしえの異国へ時空を超えて……いいなぁ」などと言われると、考古学の作業は空中に遊ぶような華やかな感じですが、実際はまるで反対で、考古学は扱う資料の時間（編年）と場所（分布）にがんじがらめです。発掘までの手続きや調査の段取りが複雑で泥臭く、発掘した後も発掘調査報告書*刊行までは長い時間のトンネルがどこまでも続くような手間のかかる仕事です。「いいわね、あなたは、趣味が職業で……」などと言われるともう狼狽の境地です。考古学も、独自の目的と対象と方法に支えられて仕事をするほかのさまざまな科学と変わりません。

さて、考古学は現在、動物考古学、植物考古学、民族誌考古学、地考古学（ジオアーケオロジー）、遺伝子考古学、認知考古学、ジェンダー考古学、骨考古学など、「〇〇考古学」の分野がたくさんあります。考古学の方法が多様化し、関連分野との連携研究が深まって、こうした新しい分野が生まれてきたのです。

多様な展開が始まる前の一九五六年に、著名な考古学者V・G・チャイルドは、考古学の方法について書いた本*の序文で「考古学は一つである」と言っています。いまでも「その通りだ」という立場もあれば、「もうそんなことは言えない」とする立場もあります。

歴史を知る手段としての考古学は、年代測定の方法の進歩や他分野との協同によって多様化していますが、私は、中心となる考古学の方法的な核は堅固にあると見る立場です。一言でいえば、遺物の形と組み合わせによる編年と分布、発見される地層と遺物の関係などを明らかにする一九世紀中ごろに確立した方法は、時の経過にも風化せず中心にあるということです。社会から遮断されて天から舞い降りるような考古学研究はありえません。本書では、現代社会の中の考古学とは何かを意識して話を進めることにしたいと思います。

***発掘調査報告書**
遺跡は国民の共有財産であるので、調査結果は可能なかぎり正確に記録して残すことが義務づけられている。

***V・G・チャイルド『考古学の方法』**
発掘の方法を記したものではなく、考古学の用語、依拠する方法の前提、作業の土台となる根本原理を説明した優れた著作。

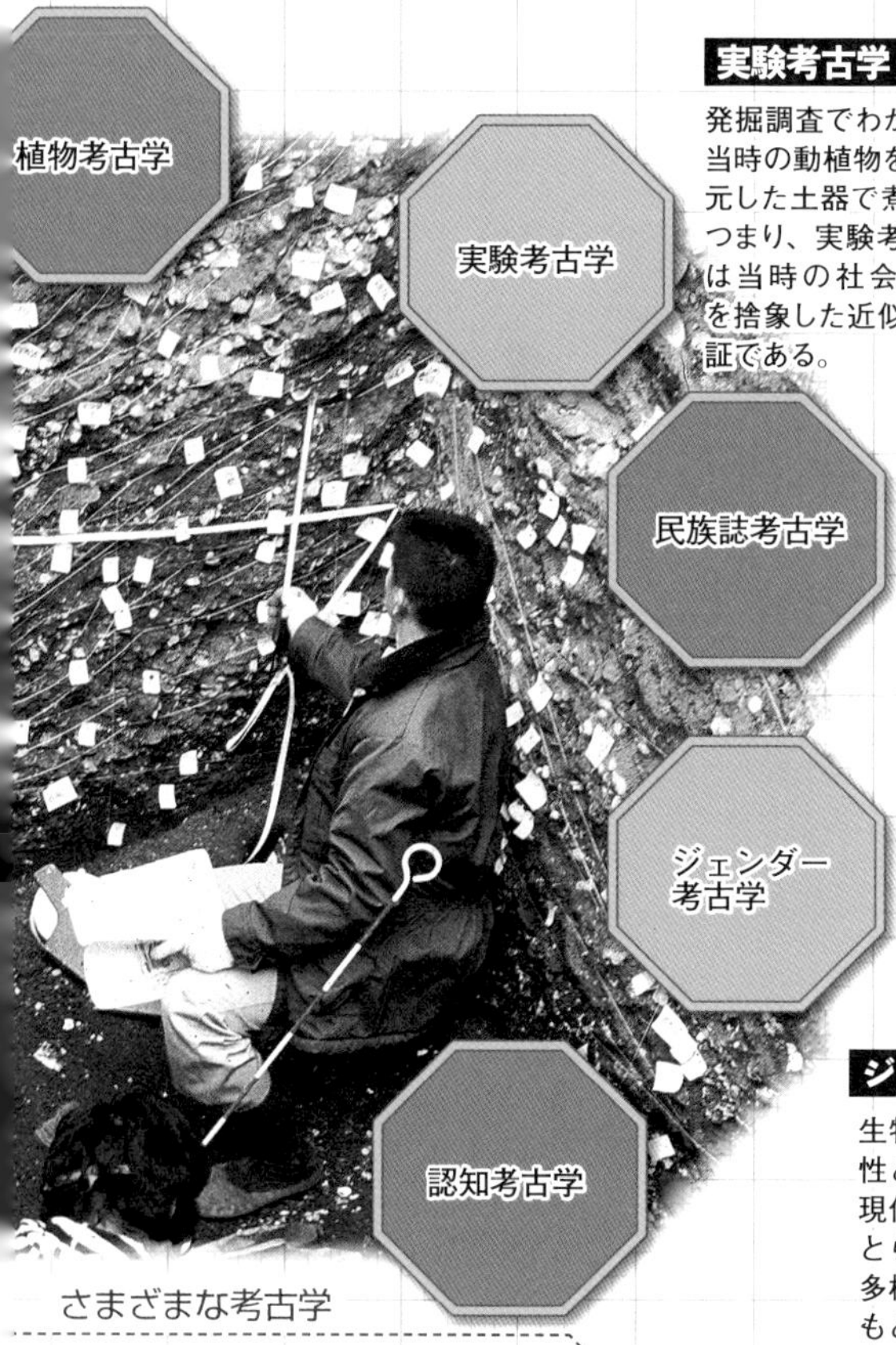

さまざまな考古学

実験考古学

発掘調査でわかった当時の動植物を、復元した土器で煮る。つまり、実験考古学は当時の社会関係を捨象した近似の追証である。

民族誌考古学

現在の編み物づくりから過去の編み物を考究する。

ジェンダー考古学

生物学的な性差による分業や、性と象徴に関する文化現象を、現代の価値基準から固定的にとらえるのではなく、文化的多様性の視点から物的証拠にもとづいて史的に研究する。

認知考古学

過去の人類の推理・思考の深化や文化変化における認知的要因を物的証拠にもとづいて探る。

里浜断面調査

さまざまな考古学があるが、考古学の核は遺構・遺物を見る人間の目だ。里浜貝塚で何層にも積み重なった貝層を分別していく。
(宮城県・里浜貝塚、白い紙片は層名を記してある)

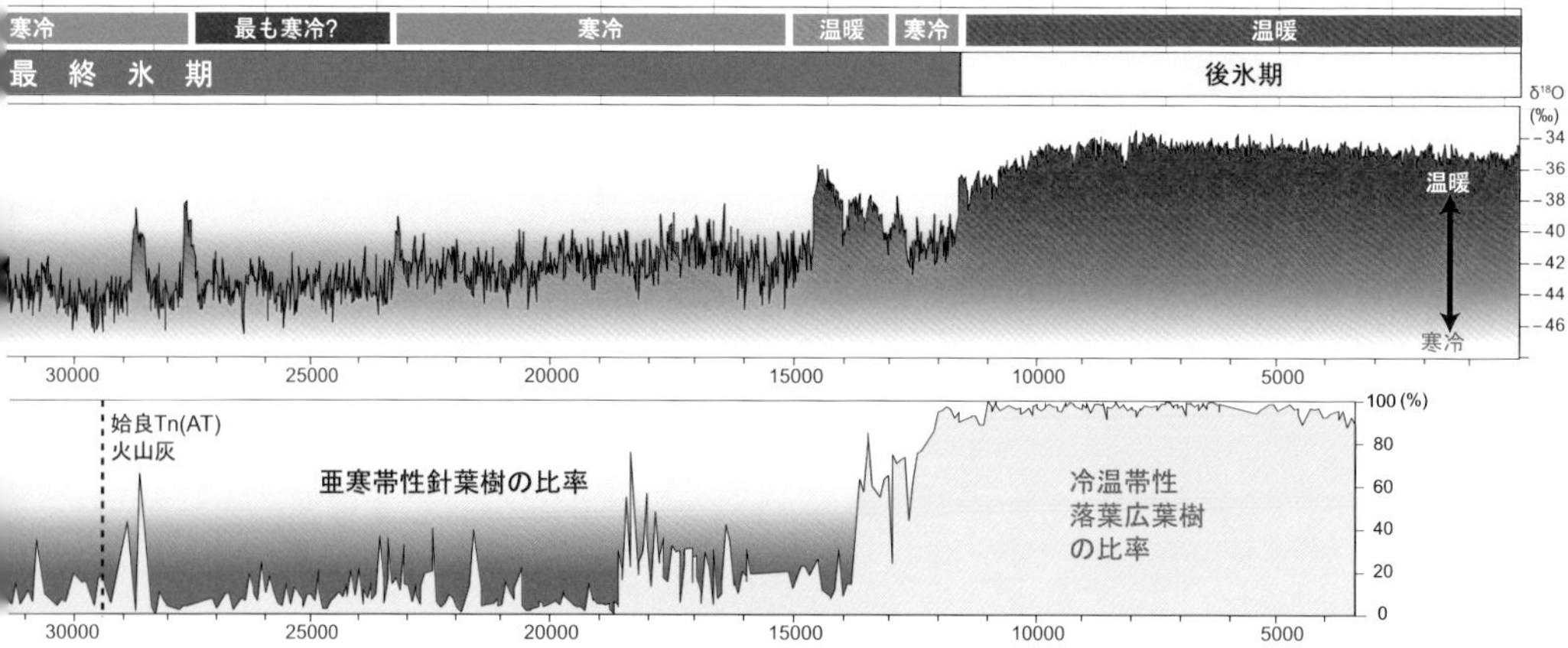

過去の環境変化

気候・植生の変遷に動物化石と遺跡の変遷を入れると、人類活動の痕跡と自然環境の時間的対応関係がわかる。環境変化と人類活動の相関を明らかにするにはさらに説明が必要だ。それが因果関係を反映しているか否かを知るには、さらに突っ込んだ具体的研究が必要である。

01 さまざまな考古学

現在、考古学にはさまざまな分野がある。遺跡で発掘された考古資料について、通常の考古学分析だけでなく、試料の自然科学的分析が多様な分野でおこなわれている。新たな分野への方法上の開拓や知識が話題になるが、そうしたさまざまな分析の結果を総合して、歴史的に考察する独自の考古学的思考が重要である。

植物考古学

土器底の痕跡をとり縄文時代の編み物やその植物を調べる。

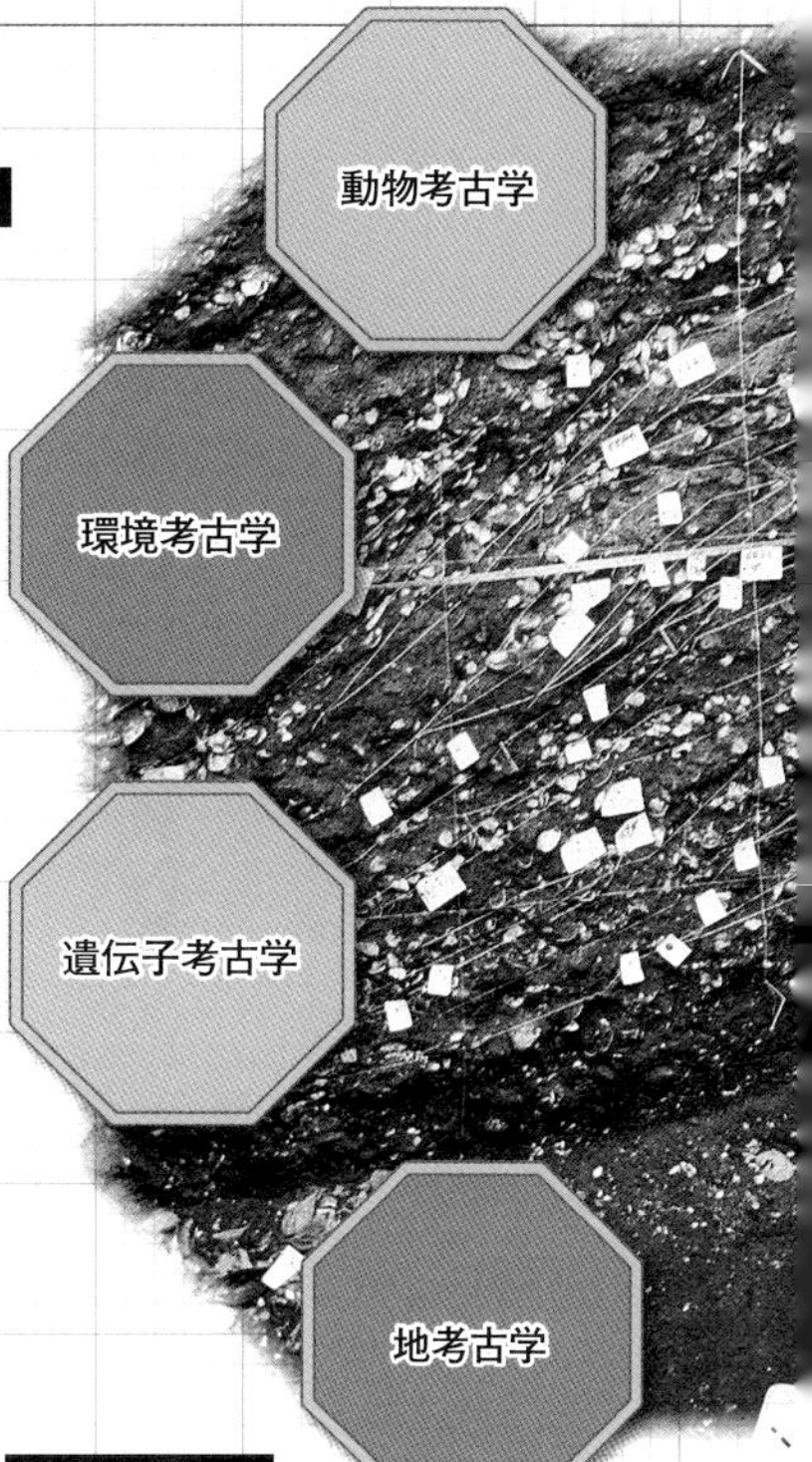

環境考古学

ボーリング調査で採取した地下の土層から過去の気候や植生など古環境を調べる。

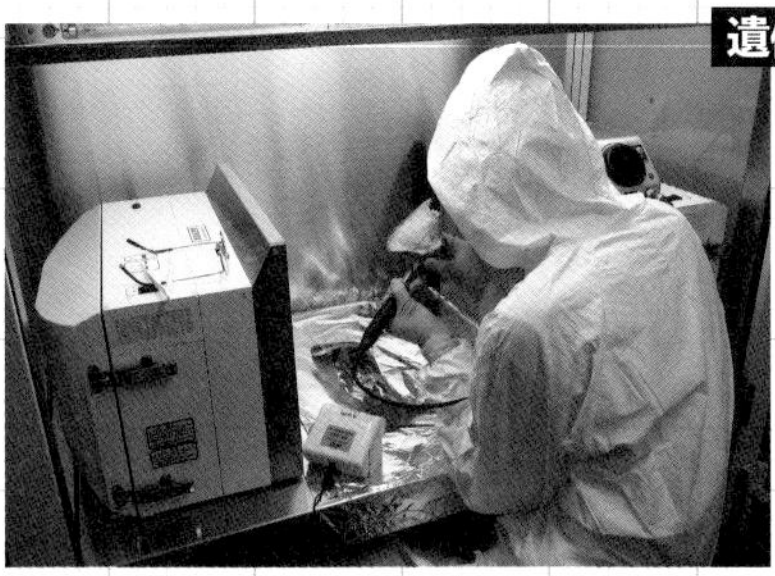

遺伝子考古学

他のものが混ざらないクリーンな環境で骨からDNA分析するための試料を採取する。

地考古学

Geoarchaeologyの訳。地球科学の手法と概念を適用して考古学的調査研究をおこなう。野外調査ではとくに層序学、遺跡形成過程、景観復元が重要な領域であり、伝統的な考古学データの解釈を深めることができる。

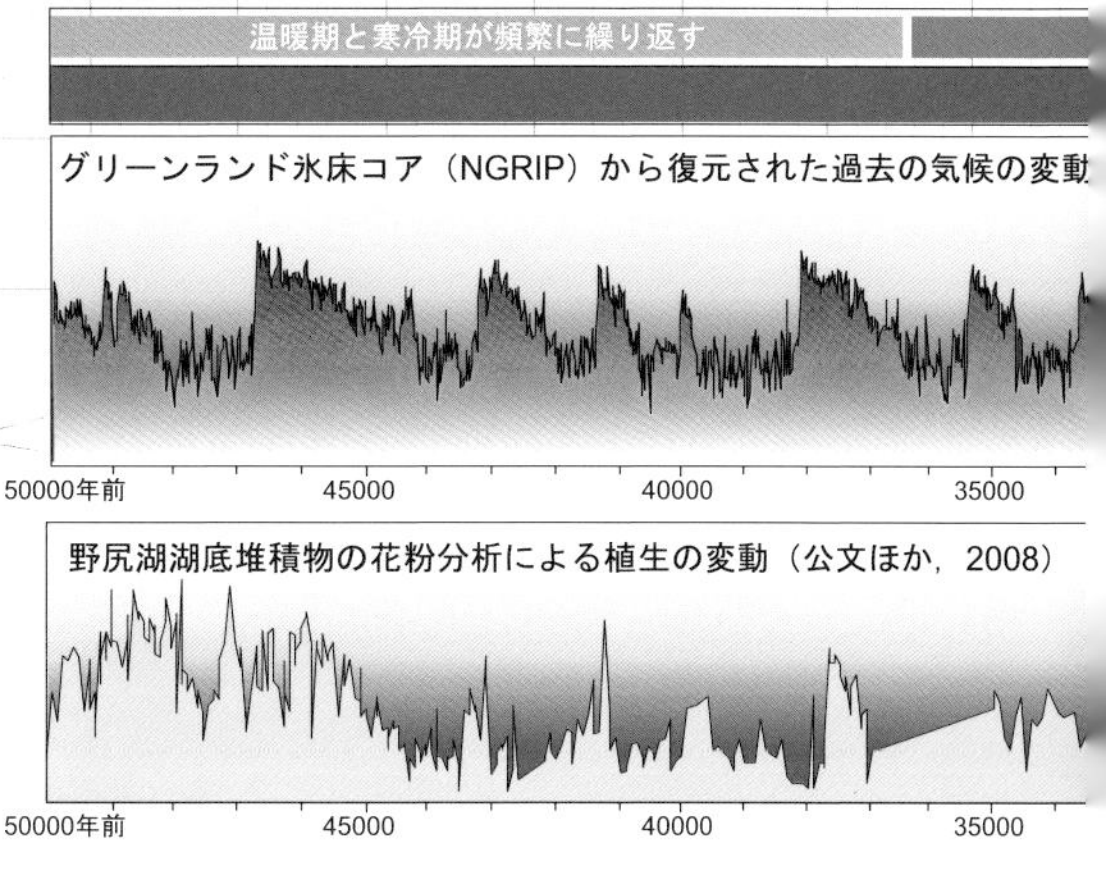

memo.

考古学では「シリョウ」とよく言うが、シリョウにもいろいろある。3種のシリョウの使い分けに注意しよう。

①「資料」material＝考古学では包括的にこれを使うことが多い。
②「試料」sample＝おもに自然科学的な分析用に対象物を採取するさいに使う。
③「史料」written document, written record＝文字として記された記録に使う。

02 なぜ発掘調査がおこなわれているのか

遺跡の発掘件数と日本の経済活動の間には明確な因果関係があります。戦後の復興期、高度経済成長期、バブル経済とその崩壊の時期など、経済動向と考古学の遺跡発掘件数の変遷はそれを示しています。

発掘を便宜的に二つに分けると、第一は大学、博物館、研究所などの機関による課題解明の研究目的に沿った学術発掘、第二はビルを建てたり道路をつくるなどの開発行為にともなっておこなわれる緊急発掘（行政目的の事前発掘調査）があります。

大きな違いは調査規模、予算、調査期間にあらわれます。学術発掘は、小規模・継続的で予算も少なく、一回の調査期間も短いのが普通で、年間調査件数も三〇〇〜四〇〇件の間で推移しています。一方、緊急発掘は調査の規模と予算の桁が違います。年間調査件数も二〇一九年の統計では九一四六件で、全体の約九六パーセントを占めています。

保存の努力と関係各機関との調整の結果、やむを得ず実施する事前の緊急発掘でも、調査に要請される内容は学術調査と同じであり、本来、発掘の内容に違いはありません。しかし多くの場合、遺跡地はビルや道路になってしまいます。「記録保存」などと言われていますが、遺跡は残らず発掘調査報告書だけが残ります。

遺物・遺構の新発見は、緊急発掘の成果による場合が圧倒的に多いのが現実ですが、日本の遺跡（周知の埋蔵文化財包蔵地*）は公称四六万カ所といわれていますので、将来の保護が危惧されています。

いま、遺跡の発掘件数を示しましたが、そもそも遺跡がそこにあることがどうしてわかるのか、と問われることがよくあります。その答えは、もっとも基本的で地味な分布調査の成果によるものです。都道府県、市町村の文化財担当部局（多くは教育委員会）の責任において、担当者、ボランティア、在野の研究者などの協力を得て全国くまなく定期的に遺物・遺跡の分布調査を実施し、自治体の遺跡台帳*への登録が実践されています。表面採集した遺物の時代を判定し、台帳に登録する、いわば目と手と足で確認する分布調査の情報が基本です。遺跡台帳は通覧できるので、開発にあたっては事前に遺跡地を避ける努力と調整もおこなわれています。

遺跡の調査件数が多いということは、いままで知られていない新しい発見の機会が大きくなることを意味しますが、適切な保護政策と一体に運用されなければ、遺跡消滅の危機は増大します。遺跡の事前発掘は、こうして現代の経済開発の現実を反映させながら、チャンスと危機が表裏一体となって展開しているのが現実です。

***周知の埋蔵文化財包蔵地**
「貝塚、古墳その他埋蔵文化財を包蔵する土地として周知されている土地」と文化財保護法第九三条で定義されている。考古学の遺跡、考古資料とほぼ同義である。

***遺跡台帳**
原則として自治体の教育委員会が作成する。遺跡の名称、時代、種類、所在地、範囲、おもな出土資料などを記載した台帳で、一般の閲覧が可能。遺跡地図と合わせて遺跡保護の基盤をなす。

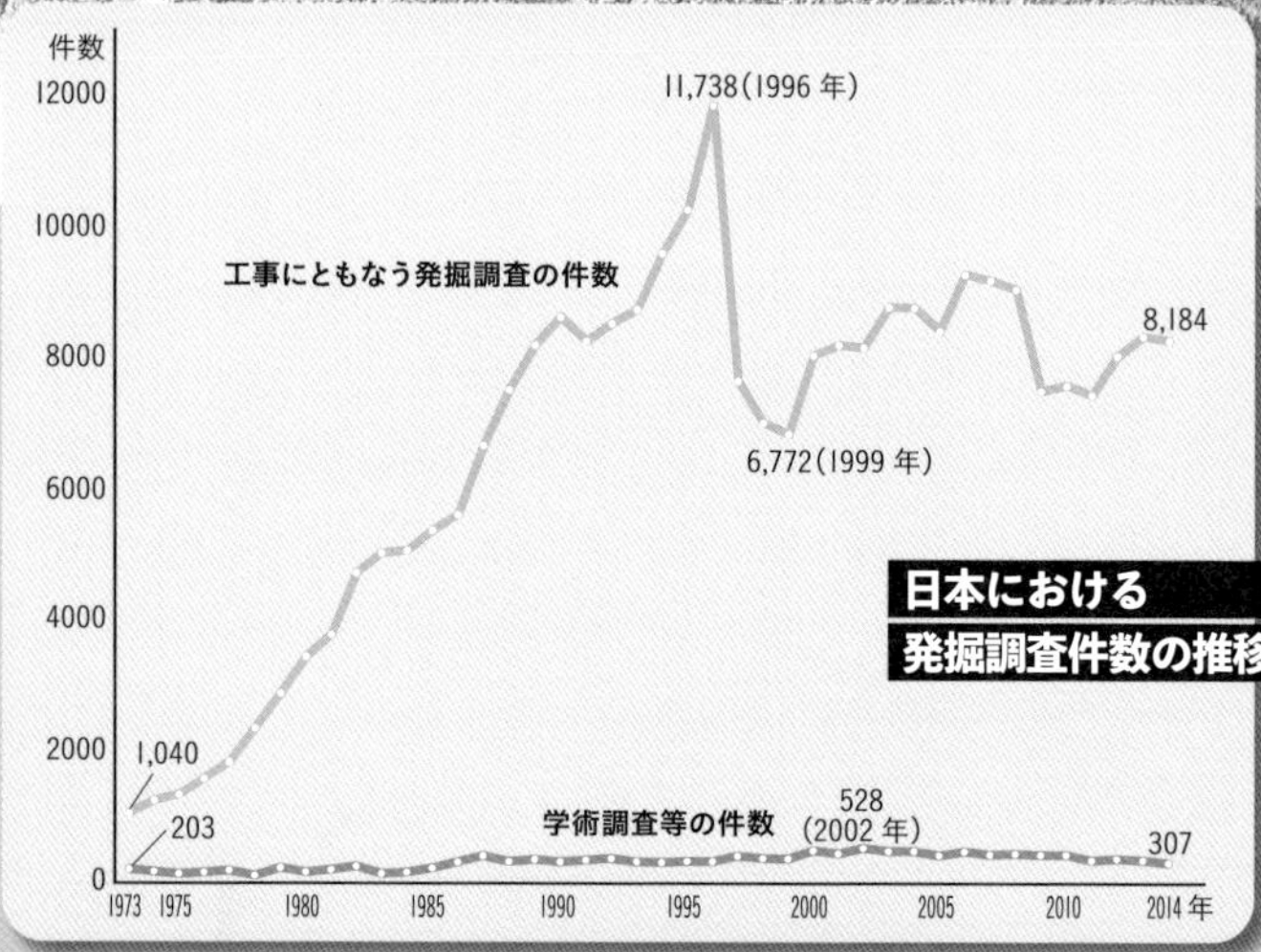

日本における発掘調査件数の推移

フランツ・ゼンヒュッテ第1遺跡（オーストリア北チロル）

海抜2147mの山岳地帯の巨岩の上に薄く堆積した中石器時代後半（約6500年前）の地層を掘る。テントが遺跡の範囲。おそらく世界で最小規模の調査面積だろう。

©Dieter Schäfer

ウラーフェルゼン遺跡（オーストリア北チロル）

約1万年前の中石器時代初頭の遺跡を高地（海抜1869m）で精査する。

©Dieter Schäfer

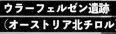

02 学術発掘と緊急発掘

さまざまな開発にともなう大規模な行政発掘で新たな遺跡が姿をあらわし、予想もつかなかった発見があり、マスコミがこれをとり上げると、「これが考古学だ」と思われるだろう。それは現実の考古学の一つの姿であるが、調査の記録が残ったとしても大多数の遺跡は破壊され消滅していく。

その一方で、小規模で目立たない地道な学術研究調査が日本では年間300から400件前後おこなわれている。そこに考古学の調査の原点がある。内発的な問題意識と課題の設定、発掘調査の立案と実践、分析と報告による調査成果のアウトプット。その自己点検・評価を踏まえ、さらに調査の戦略を練って発掘を実施するというサイクルである。

大規模な緊急の行政調査でも、研究機関による小規模な調査でも、共に科学的、学術的でなければならない点は同じだ。

三内丸山遺跡（青森県）の大規模な発掘調査

当初、野球場建設にともなう行政調査だったため、調査区域が球場の形をしている。

広原第1遺跡（長野県中部山岳地帯）

海抜1400m。旧石器時代から縄文時代中期まで断続的に利用された。黒曜石原産地の近くがどう利用されたのかを詳細に探査する端緒となった小発掘。

03 考古学は3Kな仕事？

日本では考古学は3K（汚い・危険・きつい）職場といわれていて、はなはだ名誉なことです。アメリカやイギリスなどアングロ・アメリカの世界でも事情は同じで3Dといわれています。三次元の略ではありません。dirty（汚い）、dangerous（危険）、difficult（きつい）の略です。洋の東西を問わず見事な一致で苦笑を禁じ得ません。

これは発掘調査からくるイメージでしょう。では、考古学研究者は実際にどのような作業をしているのでしょうか。大学や研究機関による発掘調査の一部を記し、考古学の本で頻繁に目にする発掘の成果がどんなふうに生み出されてくるのかを見ましょう。

まず発掘する前に入念な分布調査をします。発掘するのに適切な場所を確定したら、その地権者を探します。私有地であれば地元教育委員会の協力を得て土地の台帳などを見せてもらい確認します。町内会長や区長にも挨拶し地権者にも挨拶して、発掘を承諾していただけるよう話をします。了解が得られたらいよいよ調査の段取りです。

発掘するメンバーなど体制を整え、日程を決め、発掘調査の届出書*を地元教育委員会を通じて都道府県の教育委員会へ提出します。調査器材をトラックなどで搬入し、発掘開始時の挨拶まわり。そして調査地点を測量調査し、発掘区を設定して、発掘調査の開始です。

調査期間中は調査のピークにあわせて現地説明会を開きます。各種図面もとります。さまざまな古環境解析や年代測定用試料のサンプリングなどをおこない、調査到達点の終了写真を撮ります。その後、掘った土を埋め戻し、発掘前の旧状に復して終了、撤収します。

しかし、それで終わりではありません。終了時の挨拶まわりをし、所轄の警察署長あてに一週間以内に遺物発見届（日本では、落とし主が出てきようもない何万年も前の遺跡で発見された資料でも、落とし物としてまず遺失物法で処理する）を提出し、都道府県教育委員会へ遺物の保管届を提出します。

ここからは現場でなく、研究室で整理開始です。ここからがまた厖大な作業と時間がかかります。遺物の水洗・注記、接合、復元、分類、実測、トレース、拓本、図版の整理と版下の作成、遺物の写真撮影、文章による記載など。

こうして長いトンネルを抜けてようやく発掘調査報告書が世に出ます。みなさんは考古学の本を読まれることが多いと思います。それと報告書の何が違うのか。報告書は歴史学でいえば史料にあたります。発掘した結果の可能なかぎりの客観的な記述です。そして、報告書がもとになり学会誌などに掲載される論文が書かれ、さらにそうした報告書と論文の積み重ねの上に本が書かれています。

＊発掘調査の届出書　遺跡の所在地、土地所有者、調査面積、遺跡の種類、遺跡の名称、現状、時代、調査目的、調査主体、発掘担当者、着手予定時期、出土品の処置など、詳細を記載し、着手日の三〇日前までに提出する。

発掘調査の過程

遺跡の詳細分布調査

なぜ遺跡があることがわかるのか？　定番の質問だ。石器や土器が落ちていればそこが“遺跡”である。広大な野辺山高原で、旧石器遺跡を探す分布調査。

遺跡の発掘調査

遺構をていねいに掘り下げたのち、図面や写真に記録する。一度掘ってしまうと元には戻せない。発掘はある種の破壊行為でもある。長野県面替小谷ヶ沢（おもがいこやがさわ）遺跡（縄文）。

現地説明会

新聞の紙面を考古学のニュースが飾ることがよくある。国民性だろうが市民の遺跡発掘への関心が高く、通常現地説明会がもたれる。面替小谷ヶ沢遺跡。

遺物の水洗い

発掘調査後、土器にこびりついた土をていねいに洗い落とす。浮かび上がってくる文様。発掘後の第二の気づきがある重要な基礎作業。

遺物の実測

水洗－接合－復元などをへて、遺物の図化作業“実測”がおこなわれる。報告書に掲載された実測図をもとに考古学の議論が展開する。

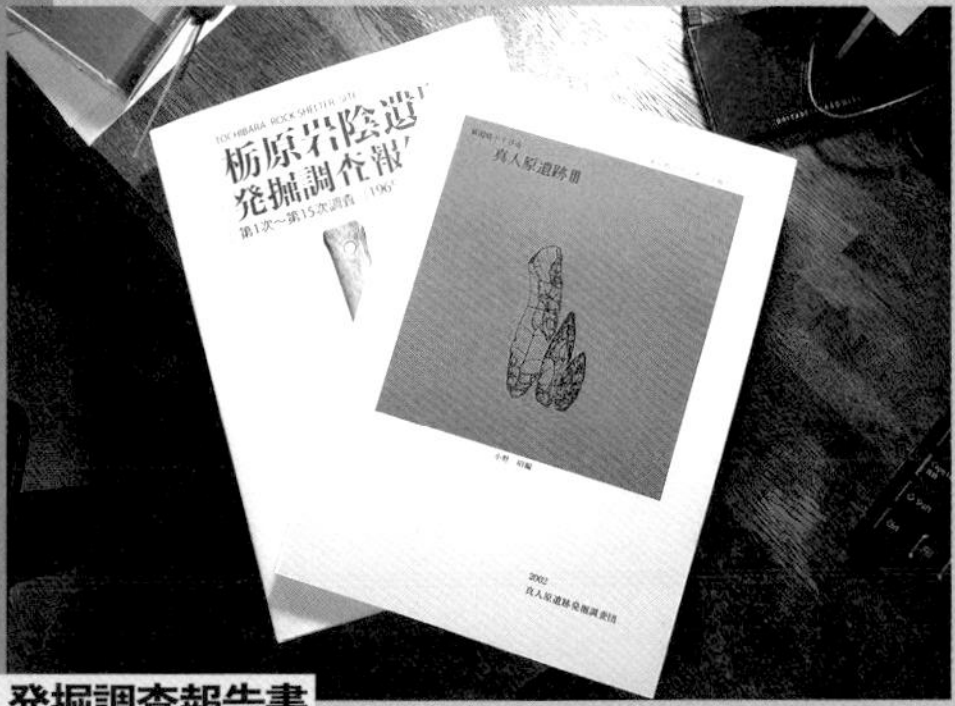

発掘調査報告書

発掘に至る経緯、検出した遺構や遺物を可能なかぎり詳細に記載し、そこから解明される遺跡の性格や多様な考古学的考察、自然科学分析が掲載される。

（構成と文：堤隆）

03 いろんな発掘があるものだ

考古学は「フィールド、現場」の学問だ。だから、なによりも実地で発掘調査をして、「事実」を記録する必要がある。苦労すればそれだけ成果が上がるという保証はないが、目的達成のためにはさまざまな悪条件と付き合わなければならないこともある。

山中での合宿

長者岩屋岩陰遺跡は深い山中にあるため、1週間分の食糧と測量・発掘機材を背負って、遺跡近くの猿岩屋（洞窟）に合宿して調査した。もちろん水道も風呂もない。著者がおこなった究極の3K学術発掘（1983年）。

長者岩屋岩陰遺跡（新潟県岩船郡朝日村〔現・村上市〕）の発掘調査

巨岩であるが岩盤ではなく転礫である。写真右下が岩陰で遺跡。写真左上からメジャーで岩の大きさを測る。縄文時代前期中葉から弥生時代後期まで断続的に利用された様相を調査している。

04 発掘は最大の武器

考古学関係の文献には遺物・遺構・遺跡の規模の記述が必ずあります。たとえば古墳であれば、前方後円墳の墳長五九・一メートル、後円部直径三三・〇メートル、同高さ四・五メートル、前方部前端幅二一・七メートルと、数値が続き読みつづけるのがひと苦労です。

しかし、その古墳についてなんらかの考察をしていくためには、基になるこうした事実を確定していくことがどうしても必要です。そのために考古学者は、発掘調査で目にする現実を前に、額に汗して事実を追究していくのです（ですから、はっきり数値で書いてあるときは発掘によって確かめられたとみていいでしょう）。

冬枯れで木々の葉が落ちたころ、あるいは多雪地域であれば雪解け直後の見通しのいい季節でも、地表からでは「約」〇〇メートルとしか言えません。古墳の規模は、墳端を確定しないとわかりません。墳端に石列を設けてある場合は、それを追いかけて発掘をすれば判明しますが、山土を削ったり盛ったりしただけの古墳や、長い年月の間に一部が崩落している古墳の場合は簡単にはわかりません。はっきりしない日が何日も続きます。しかし、掘り進むうちに墳端近くに据えてあった土器が発見されたりして、その位置は築造当時よりも多少動いていたとしても、墳端を絞り込むことができる場合があります。そうすると規模に関する認識は一挙に進みます。

発掘調査では毎晩調査日誌をつけ、その日に自分が担当した調査区でどんな作業をして何がわかったかを記し、調査責任者は別途にその日の作業の全体を総合した日誌を作成して、明日の予定を立てます。日誌全体を通覧すると、不明のことが多く認識が前進していない日が何日も続いた後、あることがわかって、認識が一挙に前進した日もはっきりわかります。発掘は考古学の最大の方法上の武器です。

現代の考古学では、野外における最新の探査機器や分析装置を駆使しています。複雑な遺構も三次元計測により、調査時の詳細をリアルにカラフルに再現し、それによって調査時に見逃していたことが判明することもあります。それでは、調査で確認しなければならない数値や内容は自動的に計測、記述できるようになるのでしょうか。将来にわたって発掘をすべて機器にまかせて無人化することはないでしょう。

たとえば地層中に〇・二ミリ程度の微細なガラス片が太陽光に反射して、そこに年代の鍵になる火山灰の層準*を発見するとか、堆積層の微妙な違いを指で地層断面を押して見当をつけるなどは、人の目と手の判断なしには困難です。その意味で、調査者の目と手の判断が、〝認識の草の根〟として発掘を支えているのです。

＊**火山灰の層準**
火山の噴火によって拡散した灰が降下し、地層中にとり込まれ保存されている層。

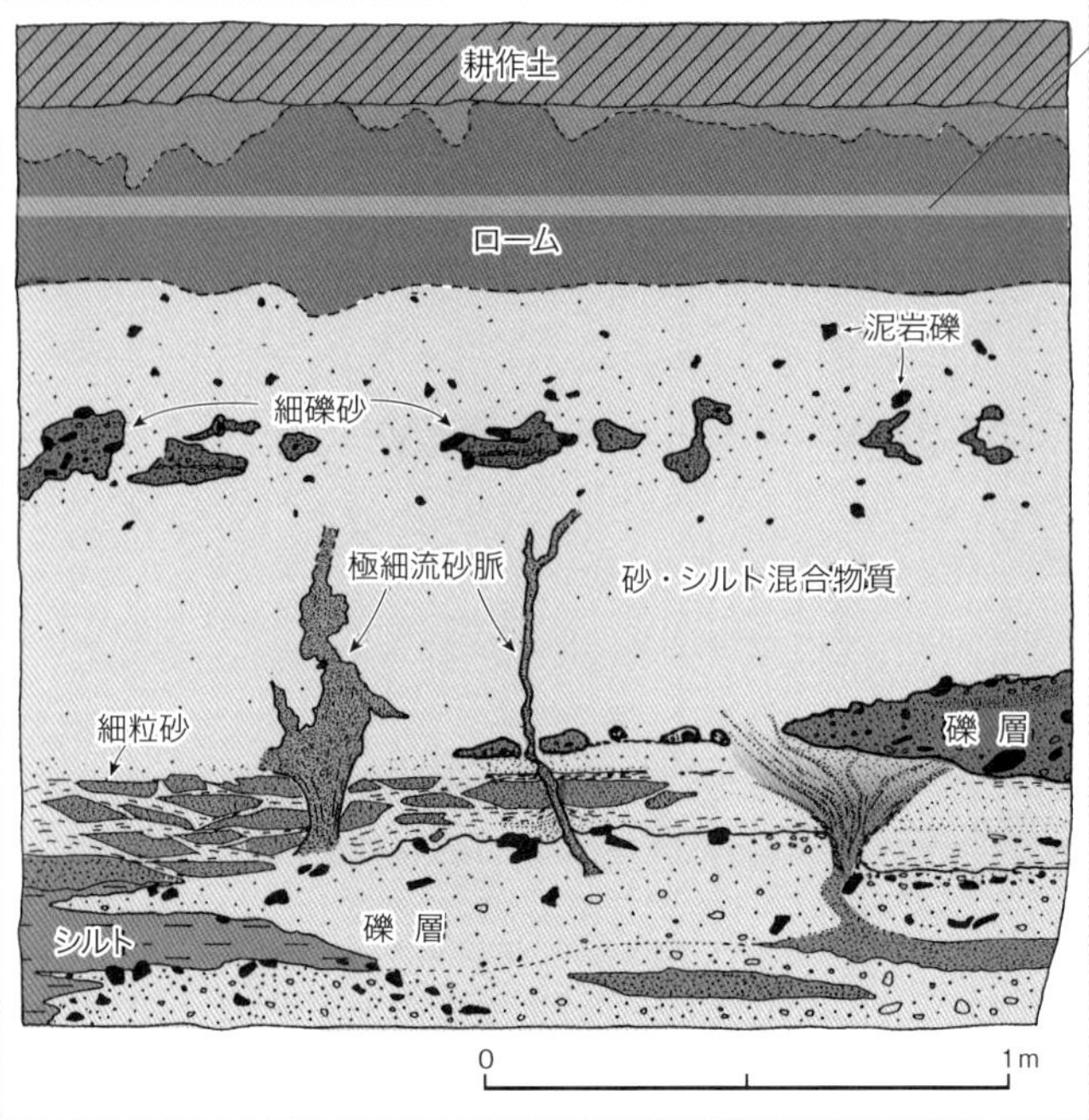

不思議な地層を理解するには

新潟県小千谷市の真人原（まっとばら）遺跡で地層断面を調べていたときのこと、ローム層の下、厚みのある砂・シルト混合物質の地層を砂脈が突き破り混合していた。これはいったいなんだろうか？

これは地震動のショックによる液状化の痕だった。人は問題意識に沿って観察しているので、地震によってこうした現象が起こることを知らないと、ただ見えているだけではなんだかわからない。目は対象を通すレンズで、認識するのは脳である。

ブロック化した細礫層

上の図と同じ調査区の地層断面。本来ならば横に層をなしているはずの細礫層が液状化によって破壊されブロック化している。それを認識できるのも脳である。

シルト層に貫入した液状化した砂脈

04 発掘調査の新しい手法と目と手の判断

発掘調査には新しい技術が導入され、さまざまな計測法の進歩が著しい。強力な支援である。しかし、最終的には調査者の目と手の判断が必要だ。手から伝わる感覚、場合によってはなめたときの舌の感触、目のレンズから入る情報などを統合して認知・判断するのは人間の脳である。

調査・計測の新しい手法

従来、手段・方法の制約から実測図・写真ともにかぎられた平面だけが記録されてきた。3次元計測技術の普及とともに、複雑な形状を立体的に記録し、図化することが可能になった。

土器の３Ｄ計測

東京都大田区久ヶ原遺跡採集の土器

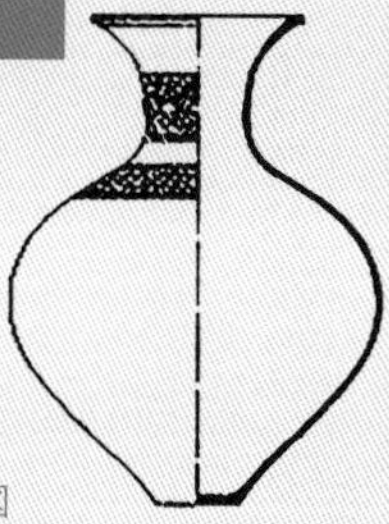

平面図
学史上著名な弥生時代の土器。さまざまな文献で土器編年の示標となる資料としてとり上げられてきた（中根君郎「大形壺形土器に就いて—久ヶ原弥生式土器補遺—」『考古学』6-9, 1935）。

3D計測のイメージ
一般的なデジタルカメラで土器を底部まで全周約300枚撮影する。

３Ｄ計測データの展開図（テクスチャ・モデル）
専用ソフトで上の写真から作成する。文様や製作技術だけでなく、彩色や、製作・使用時の黒斑・ススコゲなど、土器表面の全周の状態が記録され、図化される。また回転させたり、あらゆる角度から拡大・縮小したりして見ることができる。

古墳の３Ｄ計測

和歌山県岩橋千塚古墳群の天王山古墳

石室内部3D画像
狭い羨門と玄門を潜り抜けると高さ5.9mの玄室に2枚の石棚と8本の石梁が架構された横穴式石室は、全体を見通すことができず、実測や写真撮影が難しい。レーザースキャナーを使用することで、羨道から玄室まで全体をあますことなく記録することができる。しかも3次元のデータなので、あらゆる角度から見たり、全体を半割して内部を見たりすることが容易だ。

（構成と文：野口淳）

05 土器の編年が考古学を鍛えてきた

たとえば、縄文時代の研究者ならば、遺跡で発見される小さな土器片を見て「これは縄文中期中葉の〇〇式土器で△△地域に広がっています」と答えることができます。考古学は時間を刻むことに、方法論として多くのエネルギーを注いできました。編年論です。年を編むと書くとおり、年代をある秩序によって編成するという意味が強くふくまれています。これを相対年代（編年）と言います。

縄文時代や弥生時代など、文字がない時代の遺跡の発掘調査を見学していて、「それはいつごろのことですか」とたずねたら、「何年前です」という返事ではなく、「縄文時代前期中葉の〇〇式土器の時期です」という返事であったりします。その地域の遺物の編年の順序がわからないと、いつごろのことかまったくわかりません。

一方、放射性炭素^{14}C*に代表される放射性物質の壊変を応用したさまざまな年代測定法が一九五〇年代以降開発されました。測定結果が数値で表現され、それが「〇〇年前」という数

*放射性炭素^{14}C
放射性の^{14}Cは光合成や食物連鎖によってあらゆる動植物の体内にとり込まれるが、死ぬと^{14}Cはとり込まれなくなる。^{14}Cの濃度は放射壊変の法則にしたがって一定の割合で減衰する（半減期五七三〇±四〇）。この性質を使って年代が測定される。

値に置き換えられたのが「数値年代」です。ちなみに「相対年代」にたいして、「いつ」かがはっきりしたということで、これを「絶対年代」と表現することもありますが、相対・絶対という表現は、絶対年代のほうが優れているという価値評価をふくみやすいので使わない場合が多いのです。

さて、いまからさかのぼって「いつ」がわかりました。では、数値年代がわかればそれでいいのでしょうか。数値年代が与えられて、はじめて時間の深さがよく理解できます。ただし、数値年代だけが並んでいるような編年は考古学的には無意味です。なぜでしょうか。土器片Aは六〇〇〇年前、土器片Bは五〇〇〇年前、土器片Cは四〇〇〇年前……と数値年代だけが並んでいても、形がどう変化したのか、変化の地理的範囲などの情報がないので、これだけでは考古学にはならないのです。相対年代は遺物の新旧関係、つまり、どちらが古くてどちらが新しいかを明らかにしますが、両者間にどのくらいの時間が経過したかはわかりません。それにたいして数値年代はものの形とは無関係で、完全に独立しています。ですから相対年代と数値年代は相互に補う関係にあって、決してどちらが優れているかという競争関係にはありません。編年は、土器などの形の変化を追って変遷をたどることができて、それに数値年代が与えられる、この両方が重要なのです。

また、数値年代はなんらかの理化学的な方法で測定された数値です。測定する前に、遺跡での試料採取（サンプリング）があります。正しく採取されることが前提です。確立した土器編年が逆に、期待値を著しく外れた数値年代の点検や再評価に資することもあります。

型式学的方法

（構成と文：三上徹也）

層位学的方法によって、古い土器と新しい土器の大雑把な関係が把握できた。これを基に新旧の類似点や相違点を細かく観察する。物（文様）の変化は、一般的には少しずつ変化していくので、このつながりや変化の動きを追うことで、細かな時間の変化や地域間の関係を知ることができる。

土器文様の変化（井戸尻・神谷原遺跡出土）

photo T. Ogawa

1 新道式

魚のようなモチーフの粘土板を張りつける。右上の2窓の装飾が特徴。

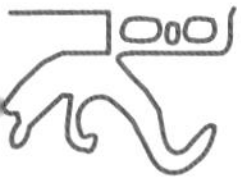

2 藤内式

魚の形状は大きく変化して頭部は縦、尾部はＪ字、その間を横2本の隆帯で連結するだけの簡略化。２窓があって前時期との関係がわかる。

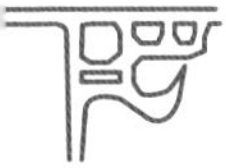

3 井戸尻式

右上の２窓がなくなる。横に連結した2本の隆帯もなくなる。

数値年代とサンプリング

年代を知りたい考古資料と測定試料の同時性の高い例は、土器と土器に付着した炭化物である。炭化物から放射性年代測定（^{14}C）ができる。ただし、サンプリングで注意すべき点がある。

土器に残る煮炊きの煤や焦げの付着でも、器内面の付着物の場合、たとえば海浜部の地域で海産物を煮炊きすると、海に溶けている古い炭素の影響を受けて年代が古くなる。そのため「海洋リザーバー効果」を勘案して年代補正する必要が生ずるなど、細かな障害を除去しようとすると容易でない。

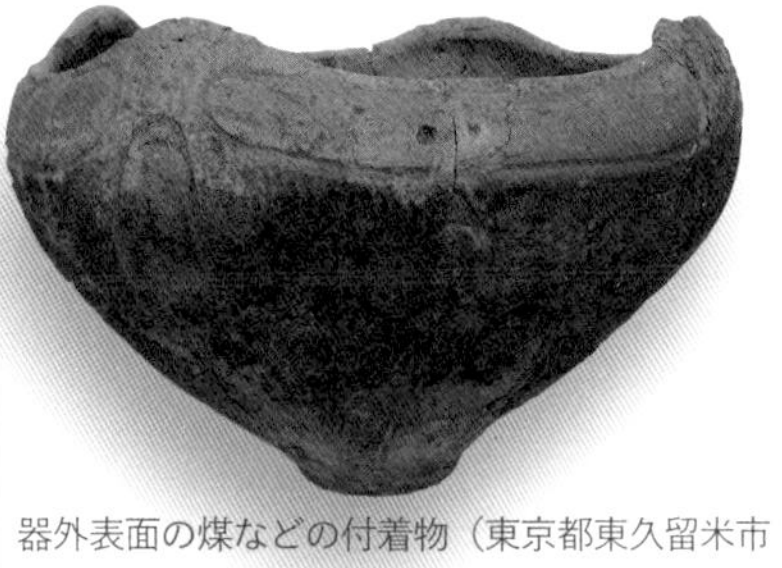

器外表面の煤などの付着物（東京都東久留米市自由学園南遺跡）

土器製作時と煤（使用時）の同時性は高い。

05 土器編年を組み立てる

土器という道具は、その機能を発揮できるよう目的にかなった「形」があり、大きな生活環境の変化がないかぎり頻繁に変わることはあまりない。一方、「文様」は刻々と変化するので、時間のより細かな流れを読みとれる。肝心なことは、当時の人たちが文様を勝手につけたわけではなかったことである。同じ地域や集団の仲間は同じ文様を共有していた。だから、土器のカケラからでも、それがどの時代のどの地域のものかがわかる。編年研究＝編年論は、具体的には層位学的方法や遺構の切り合いと型式学的方法にもとづいて非常に緻密に組み立てられる。

層位学的方法

（構成と文：三上徹也）

下の地層が古くその上に堆積した層が新しいという、地質学の基本的な考えによる方法。

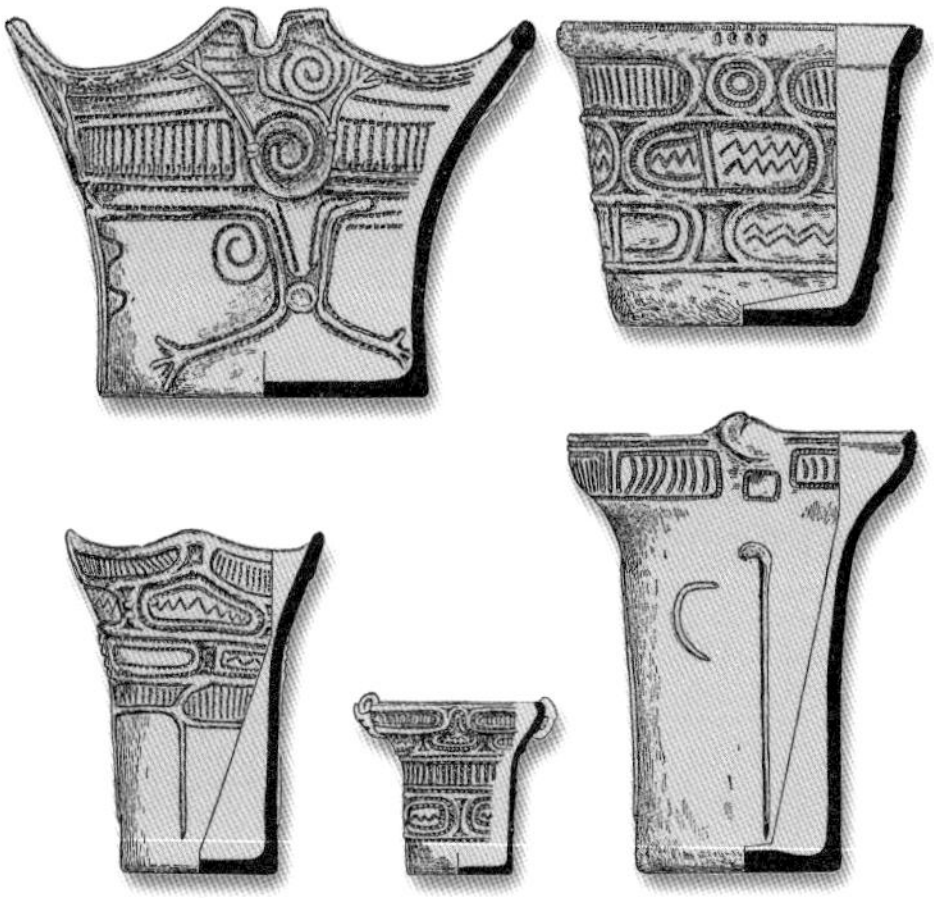

第2号住居

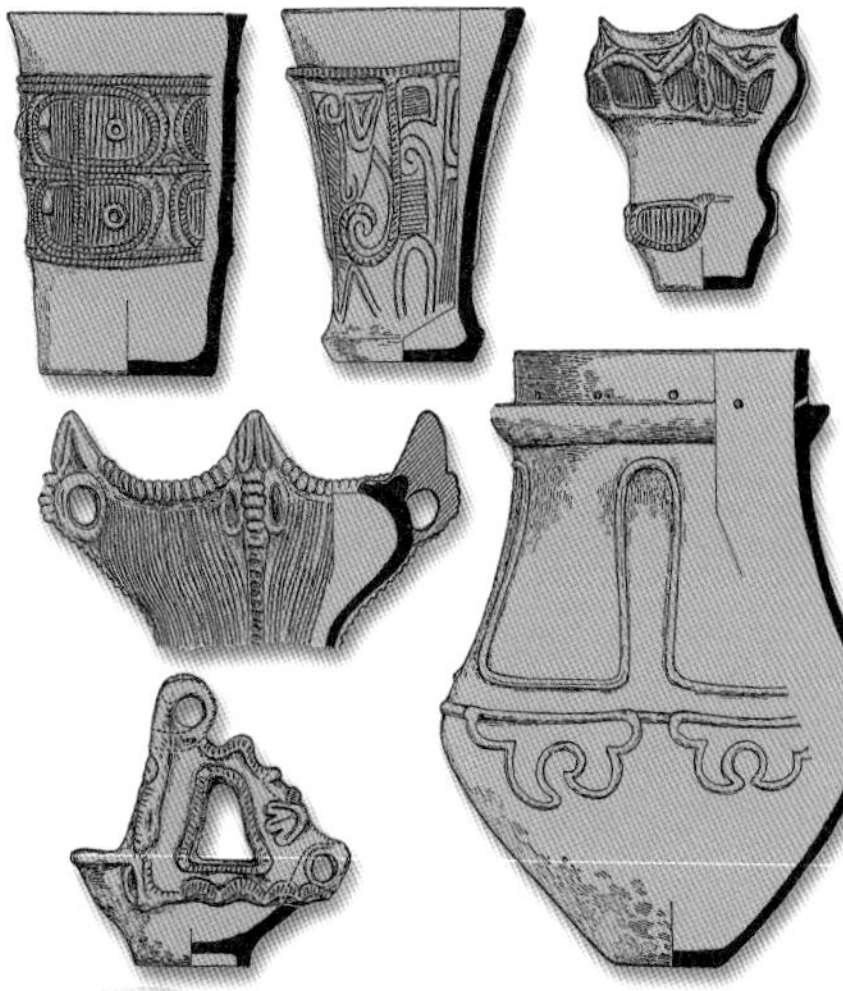

第3号住居

狢沢（むじなさわ）式の特徴

- 楕円の列が縦に交互に配置されている。
- 深鉢形がほとんど。
- 櫛形文がない。

井戸尻式の特徴

- 楕円の列が縦にそろう。
- 釣手土器、有孔鍔付土器などバラエティがでる。
- 櫛形文があらわれる。

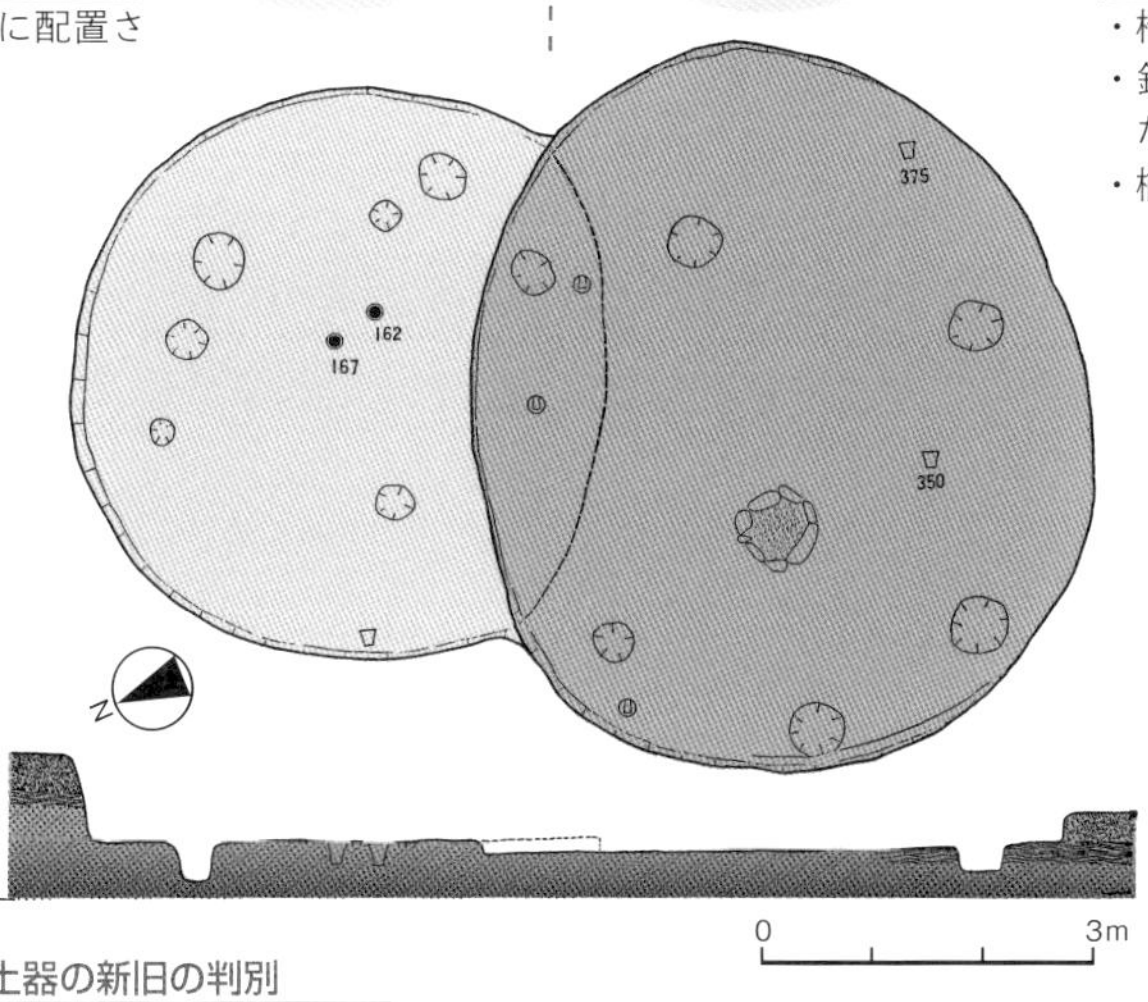

住居の切り合いによる土器の新旧の判別

中部高地の縄文中期の例（長野県富士見町井戸尻遺跡）：密集して発見される竪穴住居が切り合う関係にあるとき、古い家の土器よりも、新しい家の土器のほうが新しいことになる。第2号住居（左）を壊して第3号住居（右）がつくられた。だから、第2号住居の土器（狢沢式土器）より、第3号住居の土器（井戸尻式土器）が新しい。

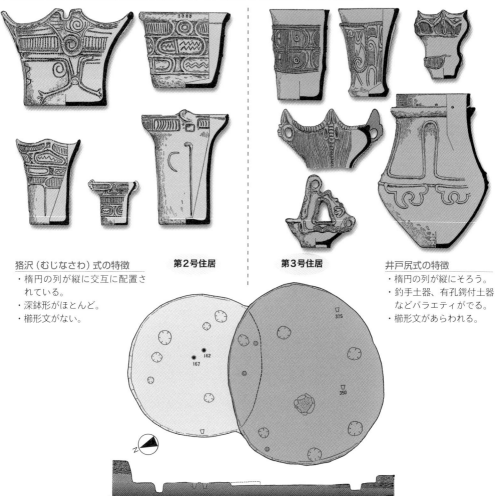

06 さまざまな時間感覚

前項でみたように、考古学は相対年代と数値年代（理化学年代）それぞれの特徴を生かして使用していますが、「年・年代」を計る方法はほかにもあります。樹木年輪（いわゆる年輪）、氷河が溶けてできる氷縞粘土、氷床に堆積した氷の縞模様、湖沼に堆積したラミナ（葉層）の縞状堆積物などを調べる方法がその典型で、縞の一枚が一年に相当します（年縞）。一枚一枚を数えるのです。これが「年層年代」です。

南極の氷床コア*や福井県水月湖《すいげつこ》などの湖底堆積物のボーリングコアの調査は一年刻みの年代の復元を可能にしました。それだけではありません。年層中に発見される火山灰や古地震の痕跡、寒暖の推移など、古気候や古環境の復元に大きく寄与しています。

一方、暦年はキリスト起源の西暦を使い、紀元前（B.C.）、紀元後（A.D.）で表現されることが一般的です。しかし、この基準に従いつつも、B.C.（before Christ）、A.D.（Anno Domini）の記号を忌避してB.C.E.（Before the Common Era：共通の紀元以前）という表記

*コア（core）
ボーリングによって得られた土壌・岩石・雪氷などの円筒形の試料をさす。深さ三〇〇〇メートル以上におよぶ南極の氷の掘削でも掘削試料の直径は一〇センチ程度である。掘削試料体とは訳さず「コア」とカタカナ書きしている。

を使う人もいます。日本の古代史・中世史の論文などで、「和暦（西暦）」の形で示すのは、世界史との関連を容易にするための独特な表記といえるでしょう。

考古学の本に接する場合、どの方法による年代が使われているかを注意して読むと、年代を刻む仕方の多様性と特徴がわかるでしょう。

さて、みなさんは、時は「流れる」と感じるほうですか、それとも「積み重なる」と考えるほうでしょうか。時間は流れると感じている人も、百年、千年、万年の時間幅で年代の経過を考える時は横の流れではなく、縦方向に時間を考えると思います。ただ、その際に注意すべき点があります。

古墳時代の研究者が古墳の変遷図を作ると、ほとんど例外なく編年表の上に古い古墳を置きます。歴史学の伝統でもあると思います。日本文学では「上代文学」などの表現もあるとおり、古いものを上に置くのです。

一方、旧石器時代の研究では、古い石器は下に、新しい石器は上に置きます。地層との関係で石器を検討するからです。古い地層を下に置かなければ図示も記載もできません。第四紀*の地質学や古気候、古環境変遷との関係で人間の活動を考察するには、おなじ編年表に石器の変遷を入れて総合的に変化を見ることができるようにしなければなりません。

では縄文時代や弥生時代の編年表はどうでしょうか。上から下へ変遷する表が多いでしょう。世界各地の編年表でも、旧石器時代はほぼ例外なく古いほうが下です。新石器時代以降では両様があり、表記法の伝統の違いでしょうか。よく見て間違えないようにしましょう。

*第四紀
四六億年にわたる地球の歴史のなかのもっとも新しい時代で、約二六〇万年前から今日までの期間をいう。環境とのダイナミックな応答のなかで人類が進化・拡散し活動した時代である。第四紀は更新世と完新世に大きく二分される。人類の起源は約六五〇万年前にさかのぼるが、最古の道具（石器）の出現した二六〇万年前と第四紀の開始期は偶然であるがいまのところ一致している。

Old

古墳時代の編年

古墳時代の編年図は上から下へと推移するように描くことが多い。時間の経過を２次元の図に表現する場合、このほうが一般的な感覚かもしれない。なお、左図と見くらべると、旧石器時代の編年は「万年」単位であるのにたいして、古墳時代の編年は「百年」単位で、２桁精度が高い。

（カッコ内の数値は墳長）

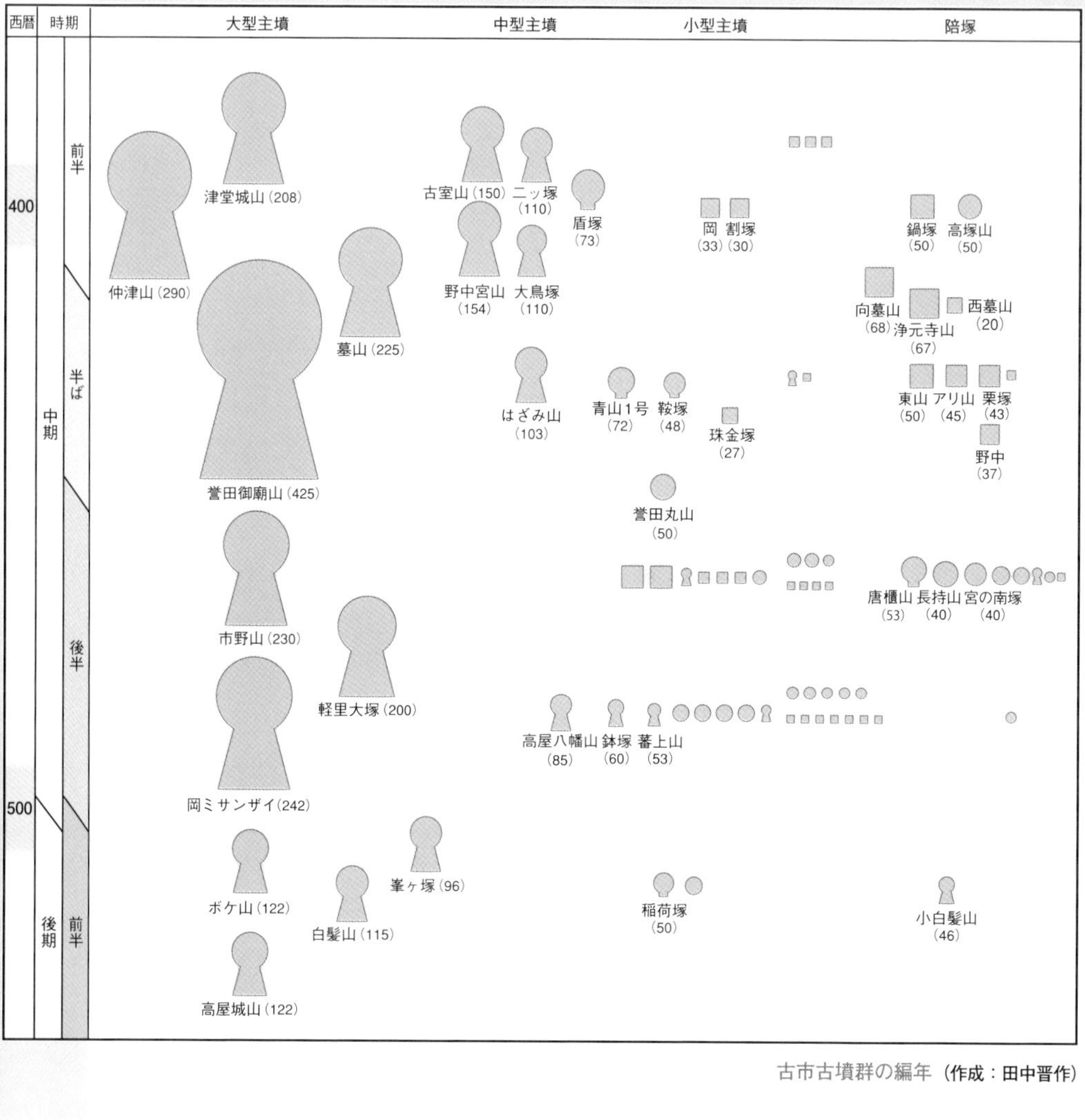

古市古墳群の編年（作成：田中晋作）

New

memo.

編年を横に組む場合は、「流れる」「推移する」という印象が強い。どちらからどちらへ向かうのか。X軸Y軸を使って示される第一象限で表現するときは、X軸は右に行くほど数値（過去にさかのぼる年数）が増えるので、古いほうを右にして（0,0）の交点にむかって＝右から左に向かって次第に新しく現代に近づくように組むのが普通である。しかし別の基準もあり統一はされていない。

06 時間は下っていくのか上っていくのか

時間の推移を2次元の図で表現するとき、上下で表現するのか、左右で表現するのか。また下から上へか、上から下へか。右から左へか、左から右へか。そこにはさまざまな時間感覚がはたらいている。

旧石器時代の編年

石器時代の編年図は下から上へと経過するように描く。それは石器の出土した地層を反映している。「積み重なる」イメージである。残された資料は石器だけなので、放射性炭素時代による横の対比はある幅をもって、デコボコが平準化されている。図中の「AT（姶良Tn火山灰）」のように、火山灰の被覆が明確な場合はシャープな同一時間面が確保できる。

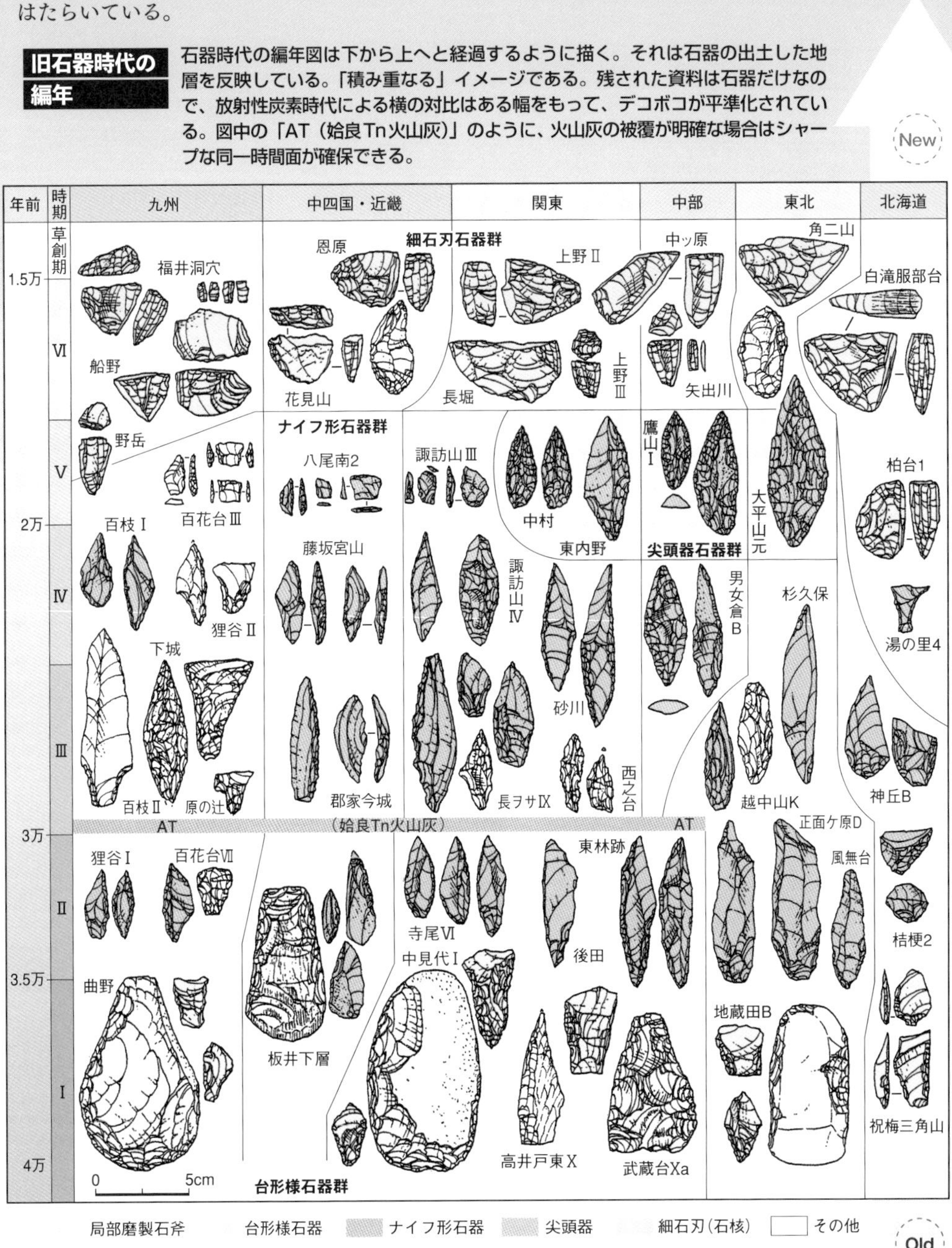

後期旧石器時代の編年図（作成：堤隆）

考古学の「時間」07

時間のことで言えば、「時の幅」にも注意を要します。考古学の時間は、帯であり、紐であり、カミソリでもあります。「何万年」という単位もあれば「一年」という単位もあります。旧石器時代の古いほうでは「一万年」くらい違っても同時という場合があります。古墳時代などでは「五世紀の第1四半期」などと二五年ごとに考えることが普通です。時代によってどの時間幅で議論しているのかに注意し、時間を階層的に理解することが重要です。

年代の書き方も、「約何年前」「紀元前一〇世紀」「前四千年紀」「三〇～三五万年前」など、さまざまです。文字のない先史時代となると、何らかの理化学的な方法で測定値をだし、それを年代に置き換えて表現しています。

文字がない時代でも、たとえば前項でみた「年縞」を使えば、数万年前でも一年単位でもわかるはずだ、と反論がでそうです。しかし、先史時代の人びとは陸域に住んでいたので、地上の生活面が湖沼の堆積物のどこに当たるかが確定できなければ、年代はわかりません。

自然史も、宇宙史→地球史→人類史（無文字）→人類史（暦年のわかる史料）としだいに時間の刻み目が細かくなります。これは年代測定法の刻みが現代に近づくほど細分が可能であるからです。もちろん、百万年前の人類にも日々の暮らしはあり、出来事はある特定の時刻に起きていました。しかし、百万年も昔になると、年代測定法の制約から、大つかみに数千年か数万年の誤差でしか理解できない場合が多いのです。ですから、年代の刻み方が粗くても、それを前提に研究がおこなわれています。

ただ、数値に換算した年代で伝えられないと、私たちは落ち着きません。人は数値年代で示されることで、時間の深さを測っているのでしょう。ヨーロッパの後期旧石器時代には、季節移動を示す動物の線刻や絵画、回帰性の魚の小彫像などもあるので*、一年間という時間の深さと、それが繰り返すという認識は確実にあったでしょう。しかし、複数年の累積した時間の深さや、数十年の時間の深さが認識されていたかどうかは解明されていません。

初期人類の出現から今日までの歴史を概説書などで通読する場合、時間の目盛りの違いを了解して読む必要があります。同じ技法で作られた石器が数十万年続いた前期旧石器時代は、年代測定の誤差範囲が数万年もあるようなおおざっぱな「同時」でも、文化の内容理解に問題は生じません。* しかし、時代が新しくなるにしたがって同時の幅も細かくなって、現代では年、月、曜日、時間と、まるでカミソリのような同時性を共有しながら生活をしています。

私たちは、考古学が対象とするそれぞれの時代に合わせて「さまざまな同時」を読みとり、それに沿って時間の像をかたちづくっているのです。

＊動物の線刻や絵画、回帰性の魚の小彫像のある遺跡　ヨーロッパでは季節移動を示す典型的なトナカイは、動物の骨に線刻表現されたり洞窟の壁画に表現されるなど膨大な数にのぼる。また数は少ないが回帰性の魚（マス）の小彫像も南ドイツの後期旧石器時代初頭のオーリナシアン期のフォーゲルヘルト洞窟遺跡から発見されている。

＊ただし、ホモ・サピエンス（新人）によって担われた後期旧石器時代、そして縄文時代の研究は、おもに放射性炭素年代で年代の枠組みができています。

旧石器時代を例とした時代の「幅」

旧石器時代、旧石器時代の前・中・後期、後期旧石器時代のマドレーヌ文化ほか各文化、マドレーヌ文化の中のⅠ～Ⅴ層と、考古学の相対編年は数値年代と本来は結びつきをもたない。下に記した数値年代は、^{14}C年代などなんらかの理化学年代から導かれたものである。

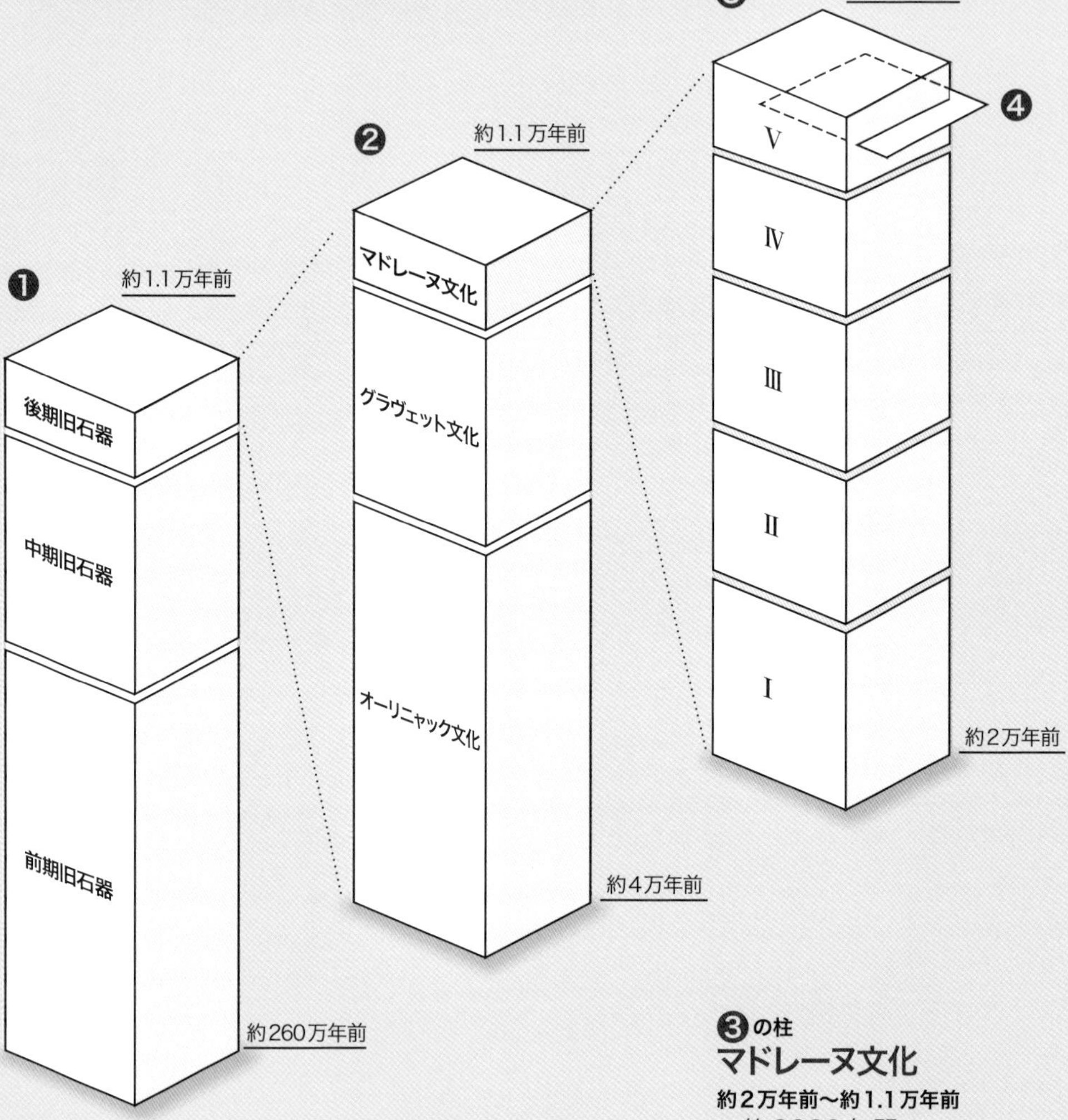

❶の柱
旧石器時代
約260万年前～約1.1万年前
＝約259万年間

❷の柱
後期旧石器時代
約4万年前～約1.1万年前
＝約2.9万年間
＝❶の約1/90

❸の柱
マドレーヌ文化
約2万年前～約1.1万年前
＝約9000年間
＝❷の約1/3（❶の約1/288）

❹の紙の厚さぐらいの幅
石器の接合関係で示されるごく短い時間
＝数年～数秒まである

07 時間にはさまざまな「幅」がある

人類史上、現代ほど「同時」に悩まされる時代はない。オリンピック競技や株の取引など、どちらが先か判別しなければならない。われわれは1秒、1時間、1日、1週、1年のサイクルに生きている。1秒どころか、ストロンチウム光格子時計では300億年に1秒しか狂わない精度が実現している。いま、われわれは逆に、さまざまな「同時の幅」があることを了解して、時代がさかのぼれば数万年違っても「同時」とみなす「同時の階層性」をがまんして許容する必要があるだろう。

新潟県南魚沼市六日町藤塚遺跡の土器集積遺構

一括して出土した古墳時代の須恵器・土師器

藤塚遺跡は古墳時代のムラの跡で、遺跡全体が土石流におおわれ、生活の痕跡が良好な状態で発見された。写真に写る遺物は、ほぼ完形の須恵器や土師器の集積。一括遺物として同時期性を示している。遺物の同時性はこうした一括して出土した事例をもとに、周辺地域で出土した遺物との型式学的な比較から編年表に位置づけられている。同時の幅をなるべく狭くして正確な時間的位置を決めるには、こうした一括遺物が考古学では重要である。

08 「同時に存在した」ってどういうこと？

穴ぼこが一面に広がって、大きさも深さもまちまち、まるで泥んこの中を、ゾウの親子が歩きまわったみたい。発掘現場の写真を見たとき、こんな印象をもったことはありませんか。

一見して、こんなに複雑な遺構の重なりを、どうやって先後関係に仕分けし、どれとどれを同一時期のものと判断しているのか、と疑問に思うでしょう。

縄文時代の集落の跡を見ましょう。竪穴住居の跡が多数重なり合って発見された場合、よく見ると、（1）相互に適当な距離のある住居跡、（2）接するほどの近い距離にある住居跡、（3）切り合って重複している住居跡などさまざまです。上屋を復元すれば、（2）と（3）は並存しえないので、「同時」ではありません。しかし、切り合っている住居から同じ型式の土器が発見され、土器の型式からは「同時」と判定される場合はどうなるのか。それは、同じ型式でも時間幅があるので、同一型式の時間幅の中の、より細かな時間差を示しているということになります。

奈良・平安時代になると、土器型式でも一世紀一〇〇年の幅を、第1期から第4期まで二五年刻みで編年の問題が議論されていますし、もっと細分された編年の議論もあります。しかし、遺構では数十年くらいの年数では先後関係が「層」の重なりの区別として残る機会はほとんどありません。

では、まったく同一の地表面に残されたさまざまな遺構の先後関係や同時性をどのように判定しているのでしょうか。特別な魔法などはなく、地道に遺構の重複関係（どちらの遺構がどちらを切り崩しているか）や位置、方向、全体の配置を調べていくしかありません。

たとえば位置について、高床構造の建物の柱穴らしい穴が接近しすぎていて、上屋の構造を復元すると軒先が重なってしまうような場合は、同時期ではないとすることができます。また、国府などの役所の施設であれば、方格の地割*を基本的に反映して柱穴の縦・横の線はそろっていることに注目して、同時期の建物群を割り出していきます。さらに、それをかこむ塀などもそれと並行していると、考えられます。全体としては、建物群、柵や塀、溝、井戸などの諸施設が計画的な配置と判定できるような状況で発見されるかどうか、がポイントになるでしょう。

土器や木簡は当時の廃棄物として井戸やゴミ捨て穴から発見される場合が多い。もしそれが建物跡にともなって発見されれば、建物の廃絶の年代もわかります。しかし、井戸と建物の共存関係は全体の配置などプランの統一性の観点から同時期とみなす場合が多いので、間接的な証明にならざるをえません。

＊**方格の地割**
古代日本におこなわれた土地区画法。土地を碁盤目状に道路や畦畔などで区画する。

郡衙政庁の解明

岐阜県関市にある弥勒寺東遺跡は、古代の美濃国武儀（むぎ）郡の郡衙跡である。その中心施設、郡庁跡と思われる遺構は、さまざまな柱穴が混在していて、どのような建物がどのように配置されていたのか、にわかには判別できない（❹）。

柱穴のくわしい調査とともに、建物の方向がそろった整然とした配置やそれらの建物をかこむ塀の存在などをふまえ、これまでの研究蓄積もまじえて建物の構成（❺）と変遷を明らかにし、復元想定される（❻）。

④ 弥勒寺東遺跡郡庁院跡の第3・4次調査発掘区

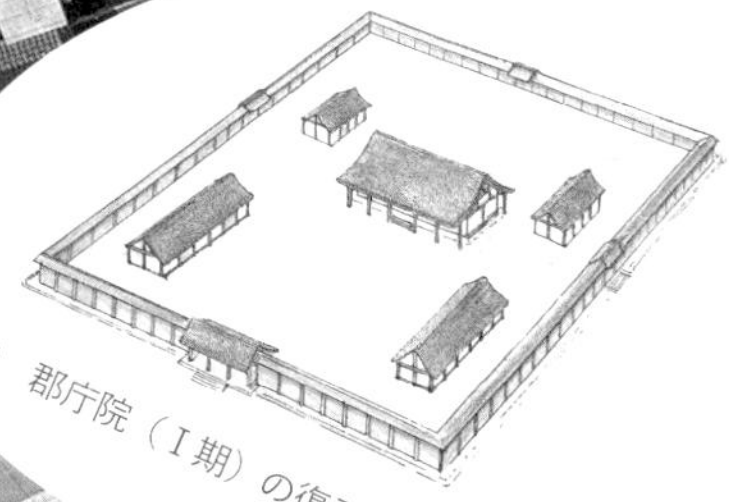

❻ 郡庁院（Ⅰ期）の復元図

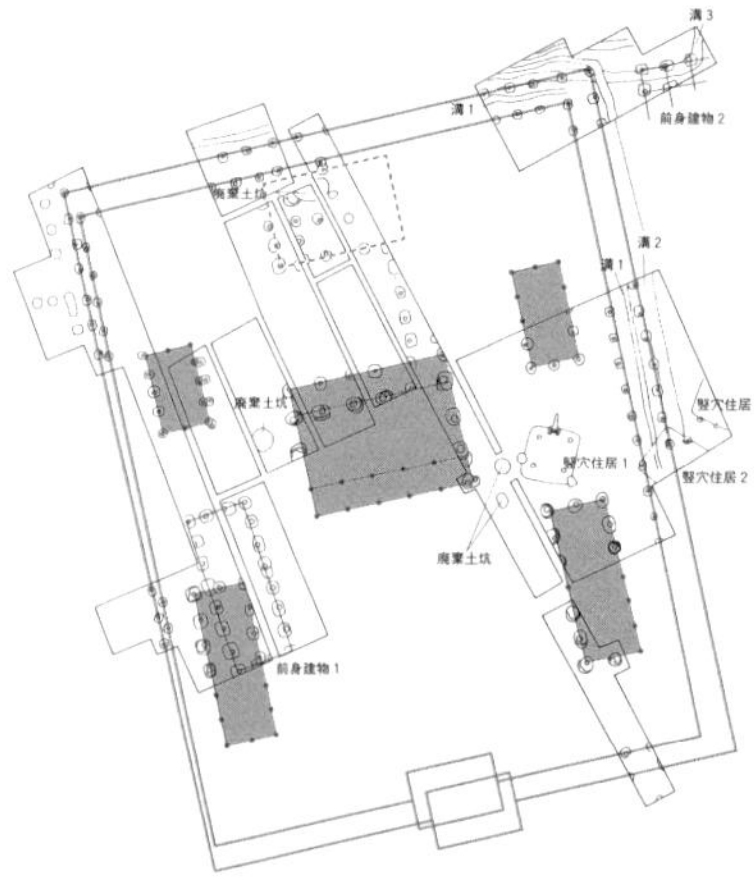

❺-1 柱穴を結びつけ建物を確定する。

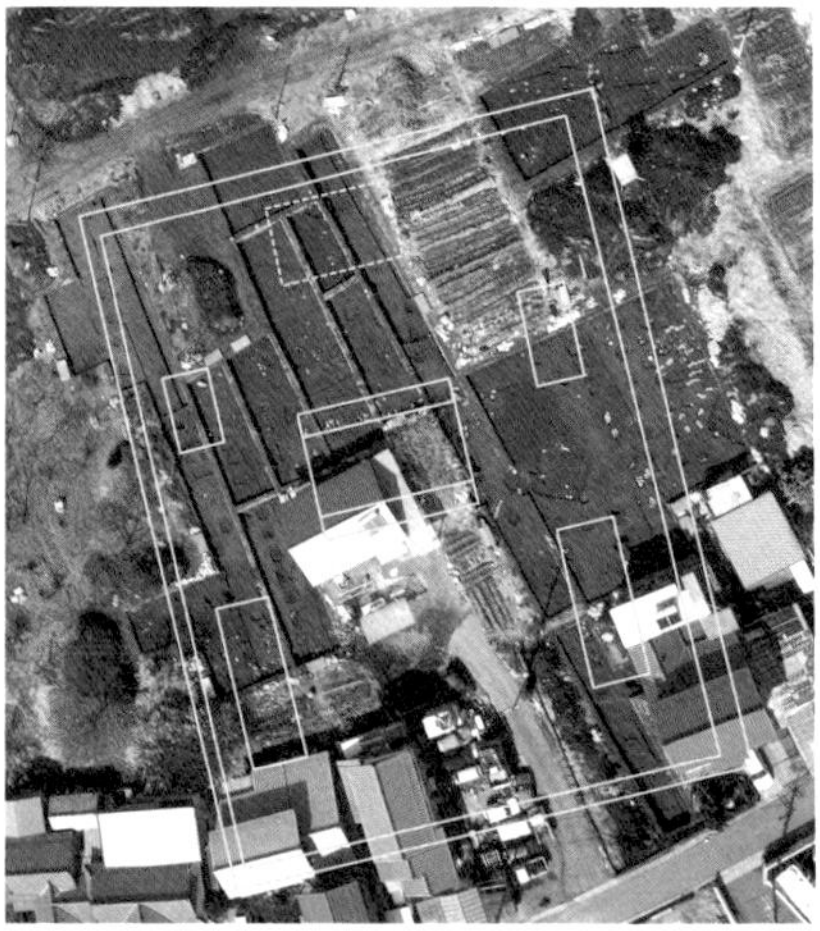

❺-2 明らかになった郡庁院の建物配置

08「同時」をどうとらえるのか

考古学にかぎらず文字史料がない地質学や古生物学など、悠久の過去からの時系列をあつかう歴史の科学は、それぞれ独自に同時を測る方法を発達させてきた。ここでは考古学でも比較的短時間の同時性をとらえ、時期別の変遷を広がりで示した成果と、同一平面に重なる遺構から「同時」の建物を復元した例をみよう。

❶ 御経塚遺跡の発掘状態

縄文集落の解明

石川県野々市市にある縄文後晩期の集落遺跡の御経塚遺跡では、足の踏み場もないほどの柱穴がみつかった（❶）。

こうした遺構は詳細に測量され、実測図が作成される（❷）。この実測図をもとにした柱穴の詳細な調査による分析と同地域の集落遺跡の研究成果などから建物を確定し、出土した土器などを基準に時期ごとの集落を想定していく（❸）。

❷ 御経塚遺跡「ブナラシ地区」の実測図
実際の遺構の1/40で描いた実測図をつなぎ合わせて調査の全体図を作成する。

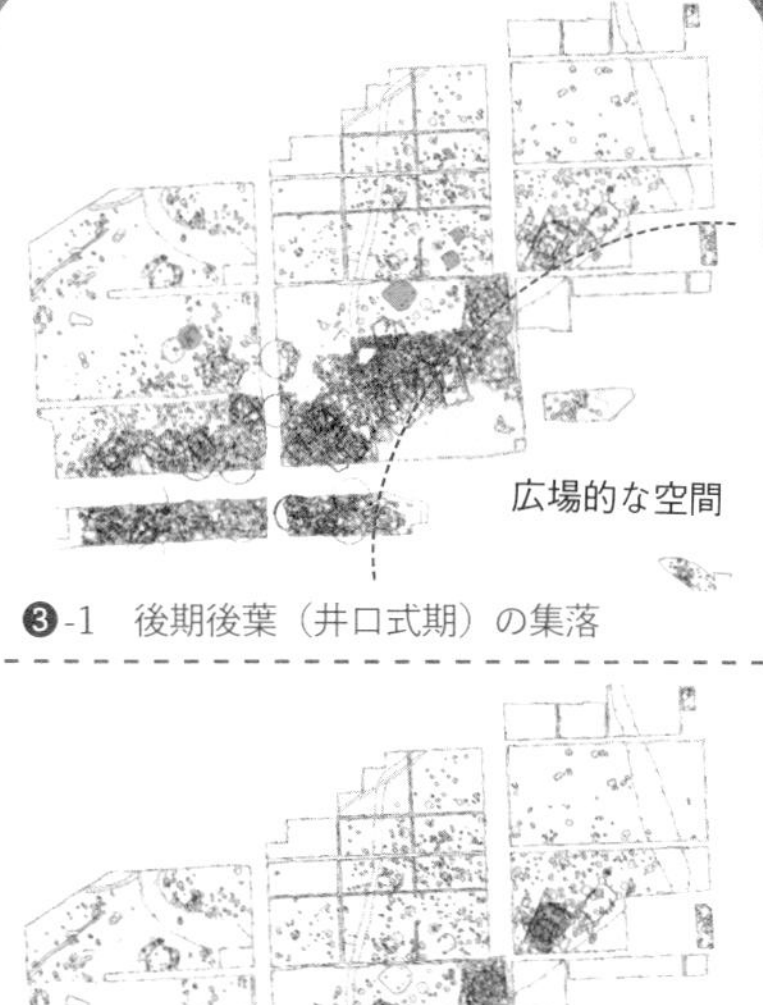

❸-1 後期後葉（井口式期）の集落

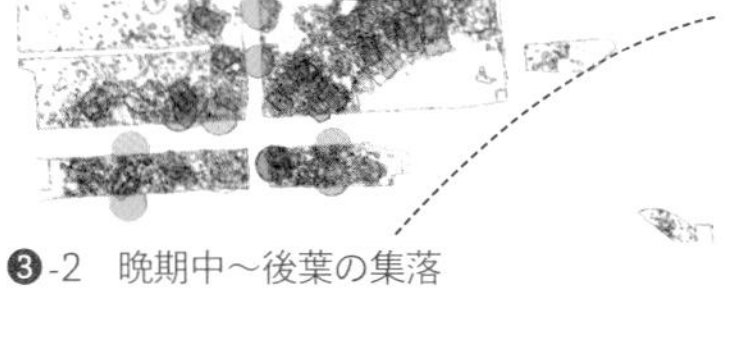

❸-2 晩期中〜後葉の集落

09 どうやって「時代」を区分しているのか

日本の考古学では現在、旧石器時代・縄文時代・弥生時代・古墳時代という時期区分が一般的です。

旧石器時代という呼び方は、なにか古いタイプの石器を使っている時代で、主要な道具による区分であることがわかります。ところが、縄文時代は土器の表面の文様に着目した名称、弥生時代は土器の特徴の名でもなく最初の発見地である地名（本郷弥生町）による名称、古墳時代は墓の種類が区分の名称になっています。統一した基準による時代区分がなく、バラバラな印象を受けるのではないでしょうか。

ヨーロッパではどうでしょうか。もっと即物的です。道具の素材の違いが時代の違いを反映しているのではないかという判断から、一九世紀の前半にC・J・トムセン*は、デンマーク国立博物館に持ち込まれた数多くの考古学的な遺物の組み合わせの検討から、石器時代・青銅器時代・鉄器時代という三時代を導きだしました。

***C・J・トムセン**
デンマークの考古学者。一八三六年に小冊子『北方古代案内』のなかで三時代法を提唱。

その後、石器時代は予想をこえて長いことがわかり、イギリスのJ・ラボック*は石器時代を旧石器時代と新石器時代に細分しました。さらに二〇世紀に入って、その間に中石器時代が挿入され、現在ヨーロッパでは、旧石器・中石器・新石器・青銅器・鉄器の五時代に区分されています。この基準からいうと、現在も鉄器時代ということになりますが、古代ローマが支配するようになって以降は暦年を使い、鉄器時代という用語は使っていません。

ヨーロッパで立てられたこの時代区分を世界各地に当てはめようとしても、当てはまらない地域があります。日本列島もそのひとつです。日本列島では、狩猟・採集・漁労をおもな生業としているか（旧石器時代・縄文時代）、あるいは農業社会か（弥生時代）など、生業による区分、また流通や政治的な支配の指標など、本来の即物的な区分指標にさまざまな実態を付与して、現在の時代区分とその細分である時期区分ができています。旧石器・縄文・弥生・古墳という時代名称が一見、統一を欠くように見えても、区分の基礎に経済構造の画期の裏付けがあるので、考古学による歴史叙述にもこうした名称を使っているのです。

さて、時代区分は歴史の認識と分ちがたく結びついています。05項でみたように、数値年代がわかれば、時代区分など必要ないという議論も出てきそうです。事実、数値年代だけが並んで時代区分が曖昧になる傾向は強いのです。時代区分は基準と定義によって曖昧を許さず区分するので、悩ましさがともないます。しかし、過去をどのように認識するのかは時代区分が反映するので、これを放棄すれば歴史認識を放棄することになります。ただ、任意の指標で切りとればそれがそのまま時代区分になるのではありません。

＊J・ラボック
イギリスの銀行家、リベラル派の政治家、慈善事業家で、考古学、民族誌、生物学の分野でも多彩に活躍した。一八六五年に石器時代を旧石器と新石器に二分することを提唱。遺跡の保護にも尽力した。

ヨーロッパ	インド	東南アジア	オーストラリア	東アジア	北アジア	日本列島	北アメリカ
ラテーヌ ハルシュタット ベルビーカー文化 チロルのアイスマン〉 凍結ミイラ）（5.3ka） 帯紋土器文化 アルドノワジアン アジーリアン マグダレニアン グラヴェッティアン オーリナシアン ム・グルナル（ca60ka） ーニヒスアウエ（ca>58ka） タ（ca98ka） ウバッハ（ca110ka） ムステリアン ーリングスドルフ（ca230ka） アラゴ（ca240ka） シェーニンゲン（0.4Ma） ビルツィンクスレーベン ヴェルテシュセレーシュ 非ハンドアックス系 ラン・ドリナ（0.9Ma）	マルハール （1800～1200BC） インダス文明 （ca2600～1900BC） 初期ハラッパ文化 土器新石器 （5400～3300BC） 無土器新石器 （7000～5500BC） ガーヴィ洞窟 パトネD（25ka） ソアニアン カルデヴァプリ（174ka） テギハリ（ca174ka） ? 礫器伝統 アシューレアン ボーリィ（ca0.5Ma）	ドンリン文化 サムロンセン バクソニアン ホアビニアン ソンヴィニアン ランロンリェン〈南タイ〉（43ka） ニア〈ボルネオ〉（44ka） コア・タンパン〈マレー〉（68ka） パチタニアン 〈ホモ・エレクトス化石〉 （ca1.1Ma）	細石器文化（4～5ka） カルタン タルガイ（12ka） ケイラー（13ka） レイク・マンゴー（30ka） プリチャラ（35ka）	秦（221～207BC） 春秋・戦国（770～221BC） 周（1100～771BC） 殷（1700～1100BC） 龍山文化（2500～2000BC） 仰韶文化（5000～3000BC） 河姆渡文化（6000BC） 沙苑 小南海（13ka） 山頂洞 好坪洞 II（24～16ka） I（ca30～27ka） 峙山谷（28.94ka） 丁村 大荔 許家窯 龍牙洞（ca250～350ka） ハンドアックス ↓ 百色無地遺跡群 （ca0.73～0.8Ma） 周口店Loc〈7～10層〉 （ca0.77Ma） 公王嶺（ca1.1～1.15Ma） 小長梁（1.36Ma） 公溝底・馬圏溝（1.66Ma）	韃靼文化 ポリツェ文化 リトフスキー文化 ヤンコフスキー文化 コンドン（4.5ka） ベリカチ（5ka） ウランハダ（VIII, IX層） スムナギン（ca10ka） ノヴォペトロフカ ガーシャ（ca10ka） ベレリョフ（ca13ka） アフォントヴァ山 マリタ・ブレチ（ca20～23ka） カラ・ボム オクラドニコフ記念洞窟 ウスチカラコル（80～120ka） アシュール 伝統の東漸 礫器伝統	古墳文化（AD3c中頃～7c末） 弥生文化（1000BC～AD3c中頃） 縄文文化 〈土器の出現〉（ca16ka） 荒屋（ca16～17ka） 田名向原（ca21ka） 吉岡B（ca30ka） 武蔵台X層（ca36ka）	後期先史期（0.5～1.5ka） 中期平原アルカイック （0.5～1.5ka） 初期アルカイック （7.5～5ka） ジェイムス・アレン（8ka） ヘルギップ（10ka） P クローヴィス（11～11.5ka） プレ・クローヴィス（11～11.5ka） P: パレオインディアン期 （11.5～7.5ka）

アフリカから北アメリカまで一覧表にして、旧石器時代から鉄器時代まで、遺跡や文化の変遷を鳥瞰してみよう。アフリカがもっとも古く、北アメリカに向かって階段状に新しくなっていく。

この中で、東アジアが特異点のように古くなっているが、これは中国の遺跡例だ。しかし、全体としてこの表は人類がアフリカから世界各地に拡散したことをよく示している。

最古の人類はアフリカのチャドで発見されたサヘラントロプス・チャデンシスの化石だが、最古の石器はエチオピアのアファール地方のウェストゴナ遺跡の250万年ないし260万年前のものだ。第四紀の始まりの年代258万年前と偶然だが一致している。

表中の年代の単位・略語

ka ＝1000年前
Ma＝100万年前
ca ＝約
青字は文化名
細字は遺跡名
数値表記は年代

09 世界の時代区分

時代区分にはそれぞれの方法と基準がある。区分の仕方に、過去をどのように認識するかの鍵がある。時代区分を放棄することは歴史認識の放棄にひとしい。経済的な基準で、狩猟採集経済、食料生産経済と区分し、旧石器・中石器・新石器・青銅器・鉄器時代などを使わずに過去の地域の歴史を叙述することは可能である。ただし、旧石器・中石器・新石器時代……、その細分、さらにその細々分、またさらにその中を様相（フェイズ）と数値年代を使って区分するなど、ニュートラルな作業が可能でなければ、考古学の日々の研究は一歩も進まない。あれかこれかではなく、こうした立体的な組み立てへの理解が必要である。

①数値年代
②地質年代
③地磁気方向
④古気候
⑤酸素同位体ステージ
⑥人類の進化

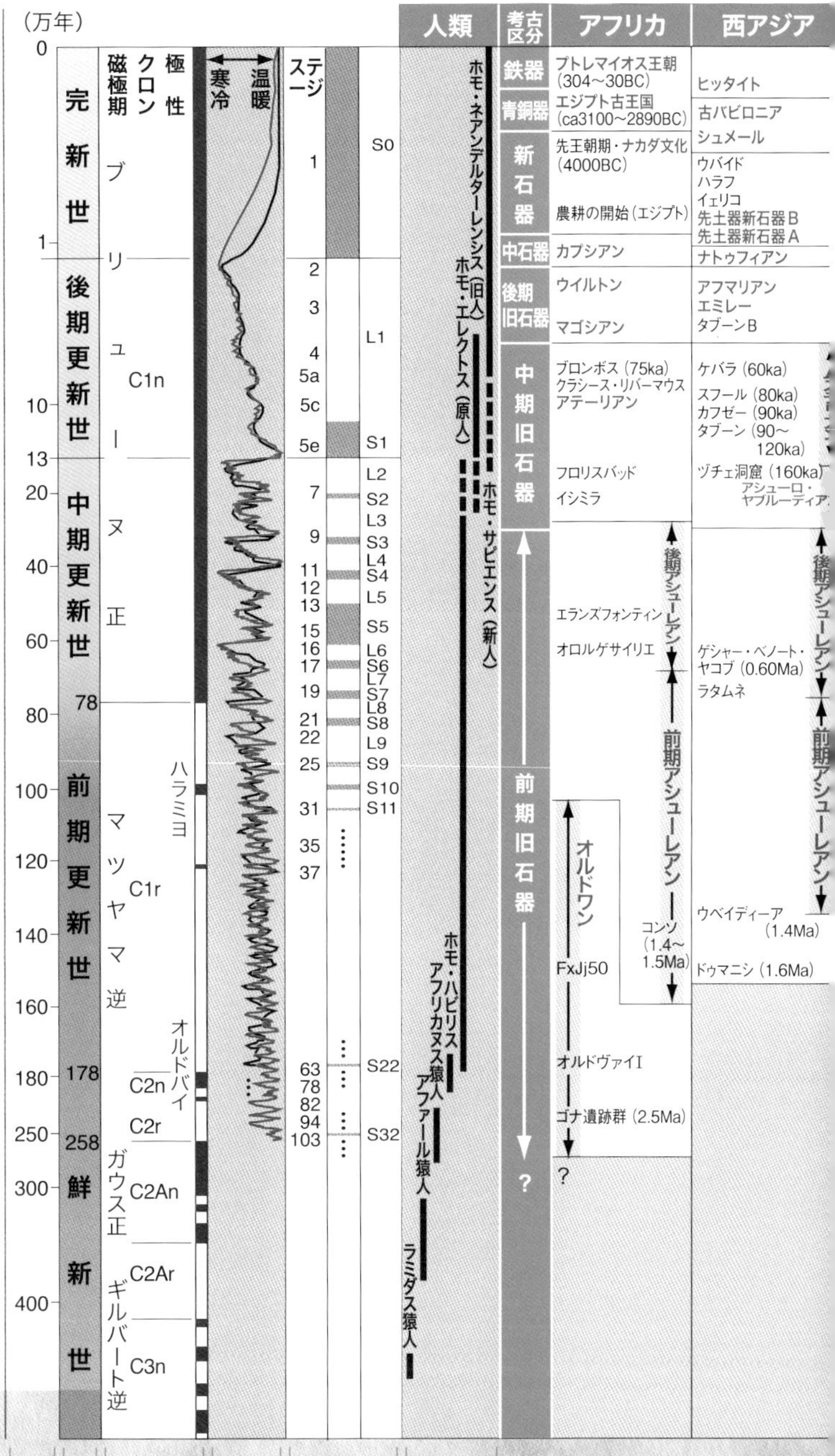

10 私たちの朝の食卓が後世に発掘されると

たとえば朝食の時、夫のA雄はパンとコーヒーがないと目が覚めない。妻のB子はみそ汁とご飯だ。テーブルを見よう。A雄のほうにはコーヒーカップ、コーヒーサーバー、サラダが載った小鉢、メインの皿、パンがのったカッティングボードなどが見えます。B子のほうにはご飯茶碗と汁椀など。

だが、食べる時に使う道具は箸、ナイフ、フォーク、スプーンが共存している。この食卓では、洋食和食にかかわらず混ぜて使っているからです。よく見ると、壊れたので急いで昨日買ってきたコーヒーサーバーもあるし、祖父の代から使っているアール・ヌーボーの古いミルクポットもあります。

なんらかの事故で、この場が一瞬の内に土砂に埋もれたとします。百年、千年、万年が経過するとどうなるか。テーブルクロス、プラスチックの類、木製のボード、金属類、人骨などは腐敗してなくなり、最後は汁椀の漆の被膜、コーヒーサーバーのガラス片、コーヒーカップ、皿、飯茶碗などの陶器片しか残らないでしょう。

人類が幸いにも絶滅していなければ、数千年後の考古学者は発掘して、ほとんどガラスと陶器しか残っていない発掘現場で、これがいつの時代のことであるか、さらにある夫婦の朝食の場であることがわかるでしょうか。

未来の考古学者は、発見された物の編年研究やその他の研究成果から、これが食卓の跡だとわかるでしょう。でも、いつのことかわかるでしょうか。「一緒に発見されるセット関係では、その中の一番新しい遺物でその時期を判定する」というのが考古学の方法です。新しい時代に古い物が残ることはあっても、古い時代に新しい時代の物が存在していることはありえないからです。だから、この食卓が埋もれた時代は、伝来のミルクポットではなく、ガラス製のコーヒーサーバーの時代より古くはならないことがわかります。

さて、未来から時間を巻き戻して、「いま」にセットし直すと、この朝の食卓はふたたびリアルです。飯、汁、コーヒー、サラダ、パンが目の前にある、と言うことができます。それはいま目にしていることを自分で説明することになるのですから。

考古学的な復元は、どんなに理想的に「失われた時を求めて」も、こんなことはもちろん実際にはありえません。一日に起きた身のまわりのことを、考古学の理想の復元と見立てたとしても、百年、千年、万年経ったら復元の可能性はしだいに薄れます。みなさんが考古学者になったつもりで、時間の経緯と残存の可能性などを検討してみてください。きっと考古学的現象を見る目を鍛えることができるでしょう。

縄文時代の住居の復元（長野県富士見町の藤内遺跡第9号住居跡、井戸尻考古館）

火災による急激な倒壊によって、腐朽してしまった有機質のものを除く、当時の生活用具が日常の生活状態のまま出土した例。発掘から炉跡や柱穴は明確だが、上屋の施設は腐っていて残っておらず、右下の線画にあるように、住居の構造から上屋が復元される。それにもとづいて一部が実物大に復元される。実物大模型の空間は、一種の疑似体験として、見学者の体感的認識に大きな刺激をあたえるが、当然、さまざまな解釈をして復元されている。

復元した住居

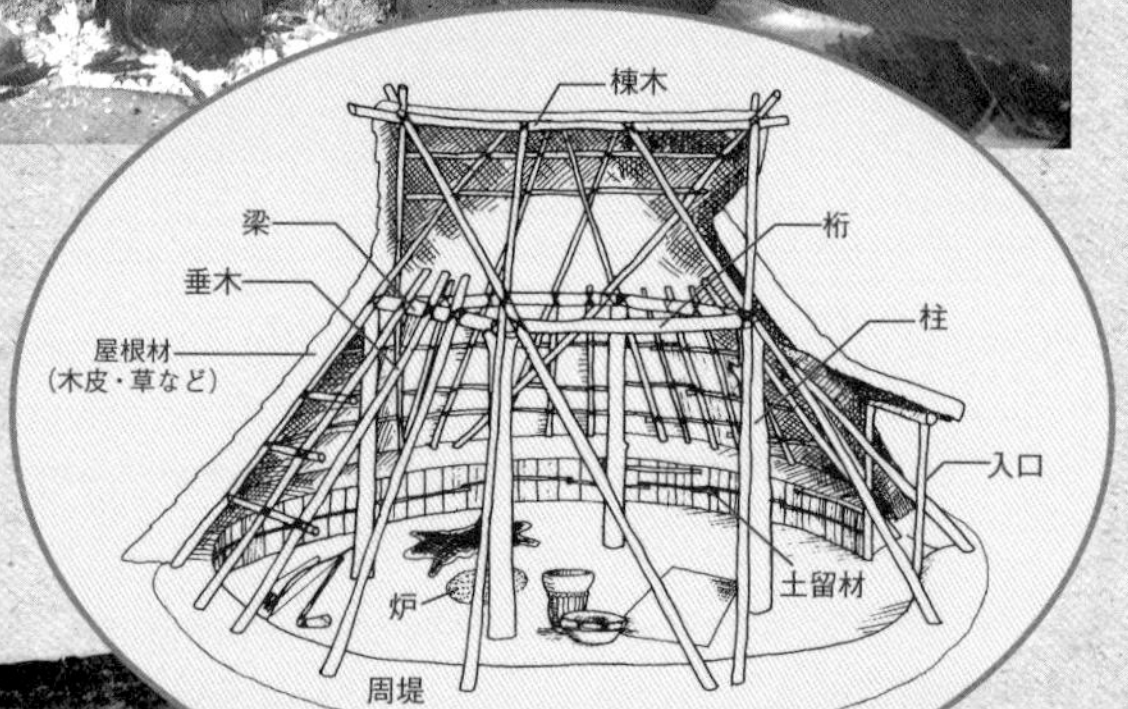

発掘した住居跡

9号住宅跡の出土状態（北～東南側より、右端は現在の制水弁）

10 生活の解明

一緒に使っていても、作ったときの同時性をつねに示すとはかぎらない。

現代の食卓

現在の事象がどう残るのかを考えると、遺跡・遺物を見る目も鍛えられる。

古いミルクポット　昨日買ってきたコーヒーサーバー

memo.

土中から食べ物が発見されることはまずないので、考古学者は器という「形」から入る。旧石器時代にも革製の入れ物はあっただろうが腐って残らないので、石器で特徴をとらえる。だが何万年ものあいだ形が変わらない場合は、細かな地域的な差を抽出するのはむずかしい。

＊

土器が使われるようになると形態や施文などからその社会が共有する共同体の表象などが器面に表現され、在地の土器と遠隔地から運ばれた土器を弁別できる。14・15世紀のいわゆる「大航海時代」には、中国の陶器がアラブの商人などを介して東アフリカのスワヒリの世界にも運ばれ、はるかな異郷の器は交易による文物の同時性の指標ともなる。

資本主義化した世界ではそれがもっと極端にあらわれる。食器でも世界各地の生産地の商品が縦横無尽に行き交う。現代の食卓ではこの写真のように、製作地が日本、イタリア、ドイツ、オーストリアなどから前後100年くらいの製作年の違いを含んで、ある朝の食卓に器としてならぶ。なんの統一性もないかのようだ。唯一の共通性は、同時に使っているということだけだ。

＊

はるか後世の考古学者は、発見後くわしく調査してみて、複雑に展開した21世紀の物品の混交的流通に真剣に思いを馳せるだろうか。それともこの程度だったのかと笑うだろうか。

11 実測図に惑わされるな

考古学では、発掘調査で発見した遺構、遺物や、調査区の地層の断面などを計測して、一定の縮尺で紙の上に図化します。これを実測図といいます。

発掘現場では住居跡でも墓でも、発掘した範囲を適当な（たとえば二〇分の一、一〇分の一など）の縮率で計測して正確に紙（方眼紙）の上に記録します。いまは光学機器*を使い現場でデータをコンピュータにとり込んで、持ち帰って室内で打ち出して図化することが普通におこなわれています。基本は同じです。土器や石器などの遺物は、洗浄して発見地点を注記した後に図化します。

遺構や遺物はそこにしかない固有のものです。そのため、実測の作業をへて図化されてはじめて、誰もが共有できる資料となります。発掘調査報告書にはこうした実測図がたくさん載っています。概説書にも説明や解説に不可欠な実測図が掲載されます。

では、写真と何が違うのでしょうか。写真は物のもっている色調や質感をとらえるのに優

＊**光学機器**
出土遺物の位置情報を記録するトータルステーションや遺構の計測を含む三次元計測器、一人でも杭打ち作業ができるレイアウトナビゲーターなど、さまざまな電子機器や光学系の機器が多様に開発されている。

れていますが、物の正確な大きさや形はわかりません。一方、実測図は物の形の特徴を表現する正確な図です。ですから両者は補い合う関係にあります。ただ、竪穴住居跡などの実測図はパッと見てもわかりにくいと思います。上屋は腐って失われて、当時の人が地面を掘った痕跡だけが計測されているからです。それから直接上屋の構造までは復元できません。

縄文時代の集落跡の報告書を見ると、地面に掘られた竪穴住居跡やそのほかの施設が、全体の実測図に書き込まれていて、それが環状にびっしりと並んで、大規模な集落の様相を示していて驚くことがあると思います。

一九七〇年代の中ごろまでは、こうした現象を大規模集落としてそのまま読みとろうとする傾向が強かったのです。それ以降詳細な検討が加えられ、見た目の住居跡の配列が、すべて同時に存在したのではないことがわかってきました。

ある人がタイムスリップして縄文中期の集落をたずねたら、何棟の住居がそこに建っていたのか、というのが同時に存在したことの理想の可視化です。集落の全体を示す実測図を漫然と見ていると大規模な集落のように見えますが、報告書の記述と実測図を突き合わせて正確に見ると、どの住居跡が同一時期であるかがわかります。

遺構の実測図は複雑に表現されていると、惑わされて素通りしたくなりますが、実測図は私たちの理解の根本をささえる図面であり、配置や切り合い関係の表現をとおして時期の違いを表現する、大もとの記録です。

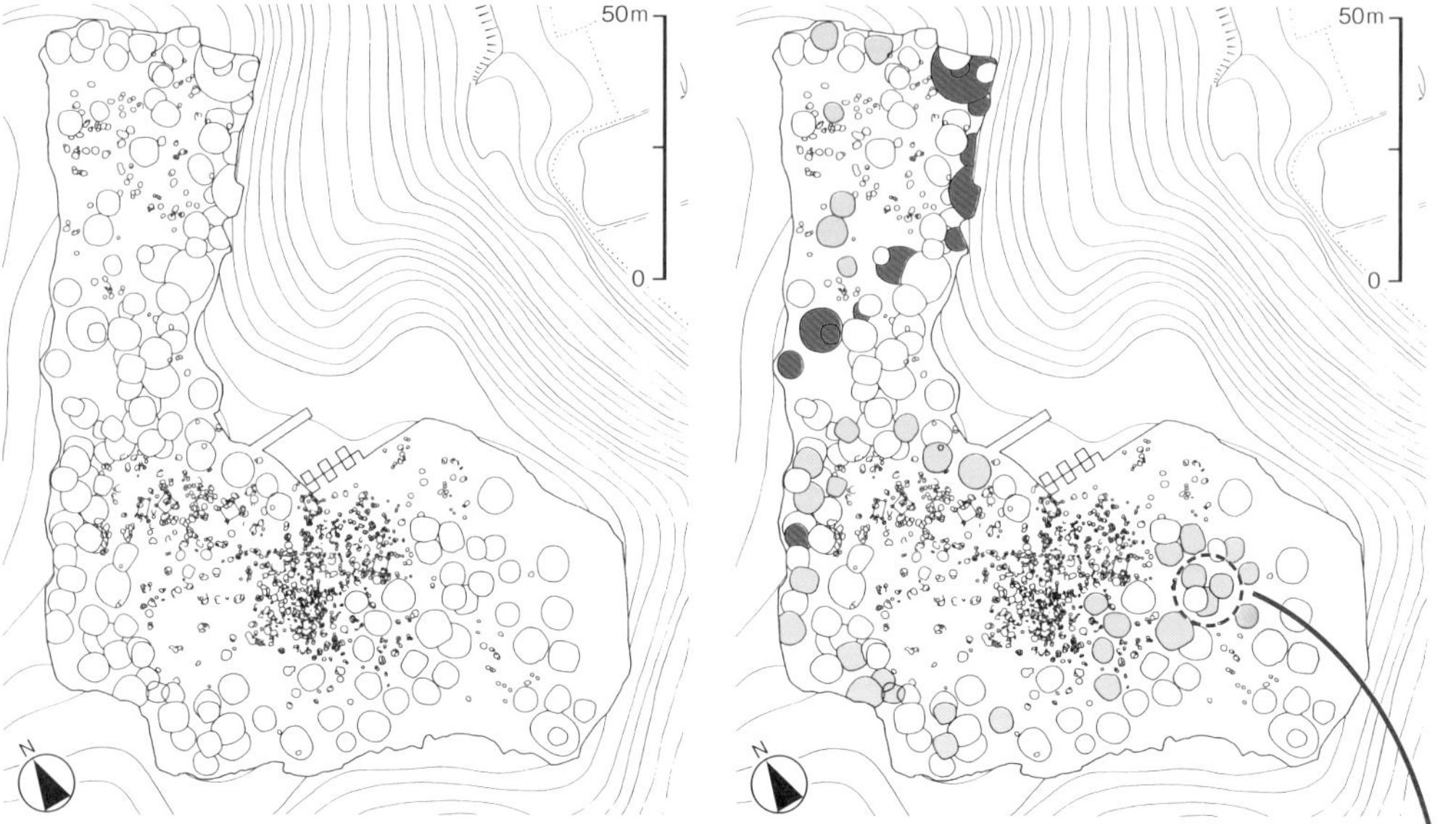

縄文時代中期の集落遺跡（長野県棚畑遺跡）

左図の遺構分布の全体図では、南北に二つの環状集落があるように見える。ところが、右図のように時期別に見ていくと、前半の時期（●狢沢式土器の時期）は北に分布の中心があるが、最盛期（●曽利Ⅱ式土器の時期）になると南に分布の中心を移しながら、住居が全体に広がっていることがわかる。

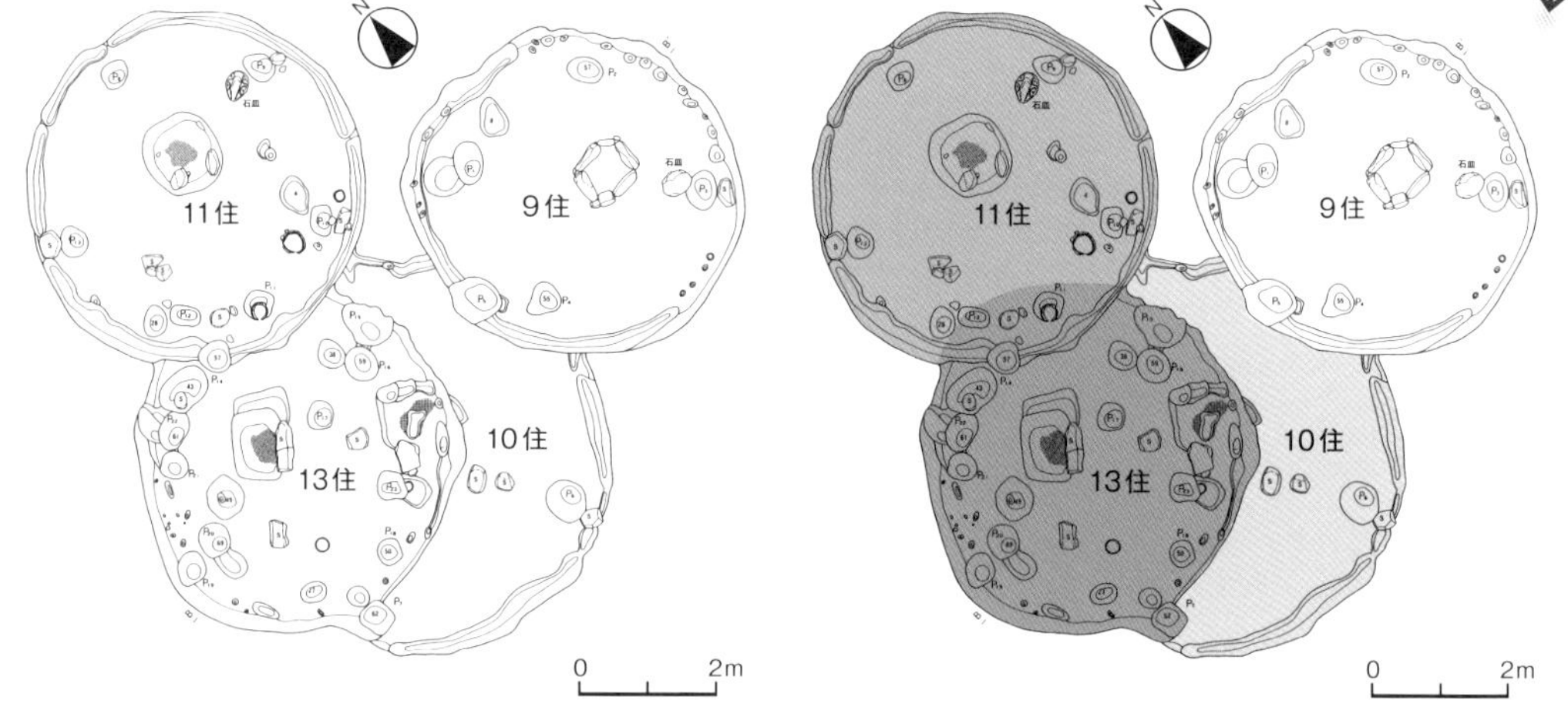

実測図は文章記載とセットで見る（長野県棚畑遺跡）

左図の報告書に掲載された図を見ると、住居の新旧は10住→13住→11住と読みとれる。ところが、報告書の記述には「13住は11住の覆土中に切り込んで設けられている」と書かれていて、実際は10住→11住→13住であることがわかる。出土した土器も、10住と11住は曽利Ⅱ式土器、13住は曽利Ⅳ式土器で、つじつまが合う。

11 実測図の特徴

実測図や写真は遺物の特徴を正確に伝えることが大前提である。ただ、実測図は研究目的に沿って描き方が決まる。その意味で実測図は認識図でもあり、描き手の理解が反映される。写真は色調や質感を伝えるのに優れている。写真にも、何に焦点を当てて撮影されているか、研究者の問題意識が反映されている。

（構成と文：勅使河原彰）

写真と実測図

写真では石器の質感はわかるが、実測図でないと剝離の方向などの細かなことはわからない。

ナイフ形石器
（埼玉県砂川遺跡）

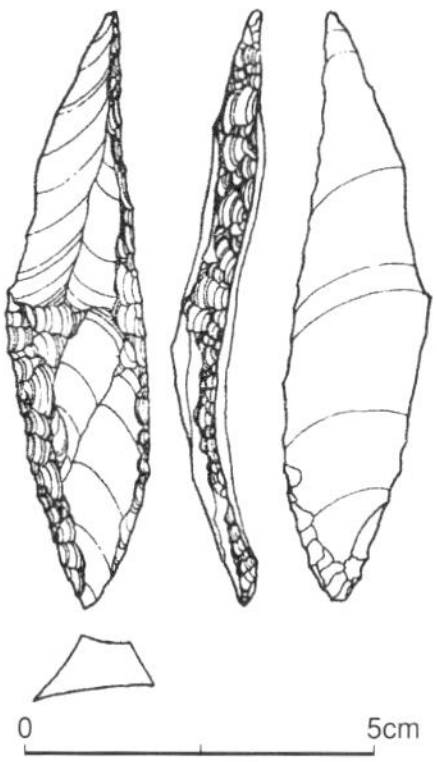

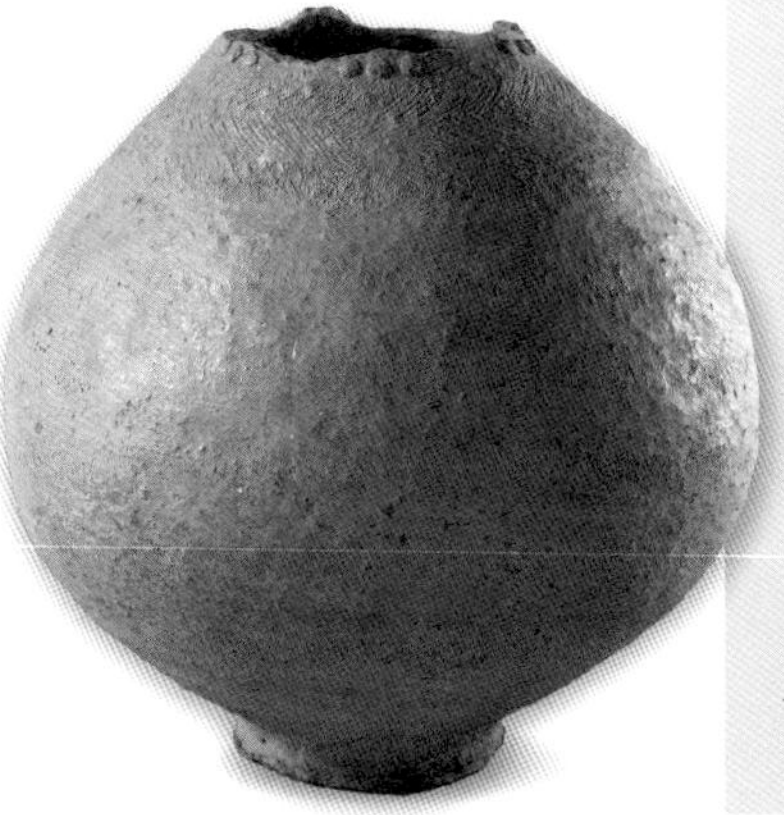

写真では胴部が球形をなす見事な壺であったことがわかる。実測図からは、内外面の整形痕の特徴、粘土紐の接合の際の盛り上がりやその痕跡が観察でき、東海地方東部の影響が読みとれる。

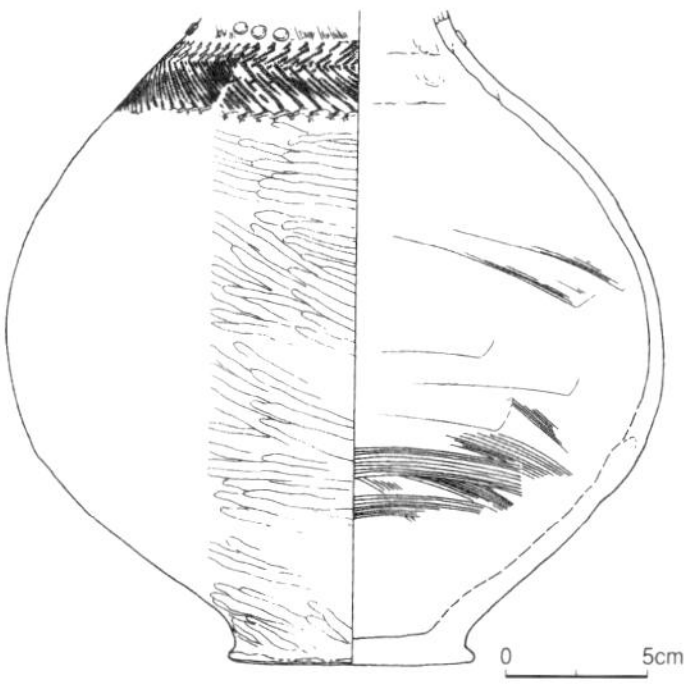

弥生式土器
（東京都弥生町遺跡）

写真では鏡の実態がよくわかるが、実測図でないと、年代の決め手となる笠松形文様や外区・縁部の特徴などがとらえられない。

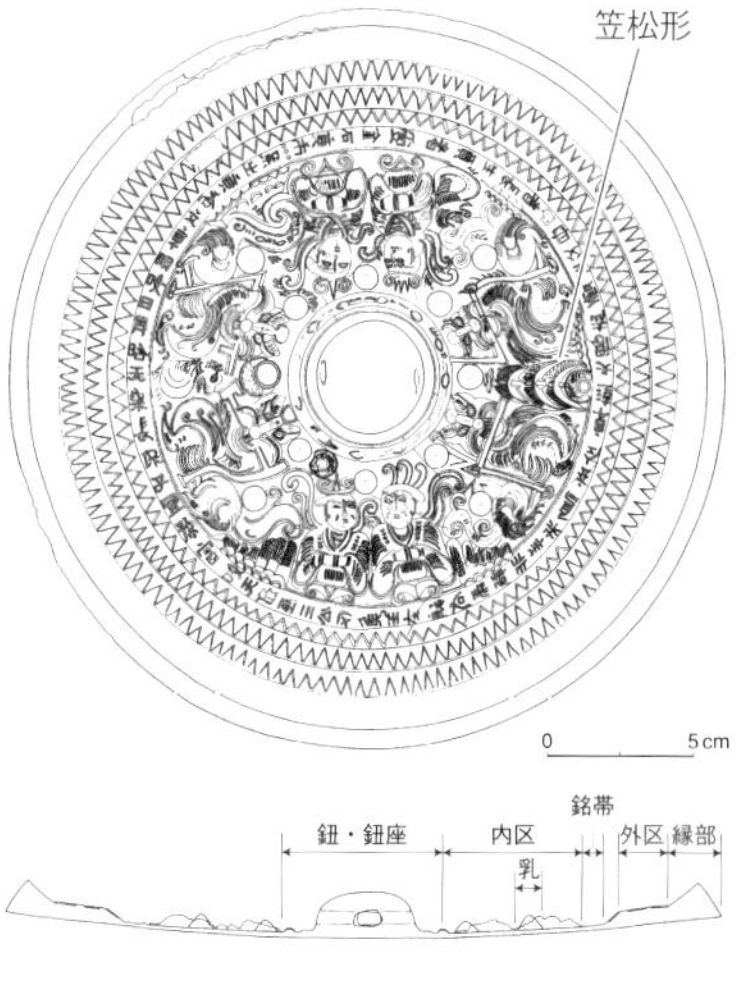

三角縁神獣鏡
（滋賀県雪野山古墳）

12 分布論に冒険する

どんな考古学的な資料も、時間と空間の特定の点に位置づけられます。縦軸に時間、横軸に世界中の地域を並べると、精粗の差があっても、遺跡・遺構・遺物はその図の中に点を打つことができます。また、できなければなりません。

骨董品ならば、どこで発見されたかわからなくても、価値は崩れないでしょう。しかし、考古資料は時代の位置と発見された場所の正確な情報がなければ、時期の前後関係を決めたり、置かれていた場所の性格を議論したりすることができません。位置情報の不正確な資料は、二次的な資料として「伝○○出土」とされてしまいます。

考古学は時間の先後関係を明らかにするために大きなエネルギーを注いできました。しかし、もう一方の軸である分布関係は、編年の方法と比較して特有の難しさがあり、充分に発達してきたとはいえません。

それをいくつか見ましょう。前期古墳の研究で重要な位置を占めている遺物に三角縁神獣鏡があります。従来、『魏志』倭人伝の「銅鏡百枚*」との関連で、中国製(舶載鏡)か日本製(仿製鏡)かで長い論争があり、すべて日本製であることを前提に分布論的な議論がありました。しかし、中国で発見例が出れば、明白に反証されます。

ヨーロッパでかつて、薄板を型タガネで打ちだしてつくった青銅器時代の黄金容器の分布が民族の分布圏だといわれたことがありました。しかし、北欧ではこれを埋納する風習があったため残り、南欧ではその風習がないために地金として回収され残らなかったことがその後明らかにされました。民族の分布圏でなく、埋める習俗の分布だったのです。

稲作の起源地は中国の長江中・下流域で、日本列島では九州でもっとも早く稲作が始まりました。しかし、稲作の水田の畔区画の跡は、意外にも群馬県高崎市にある日高遺跡(弥生時代後期)で一九七七年に、登呂遺跡以後全国で最初に発見されました。すると一年か二年後には本州各地で多数の水田跡が発見されだしました。水田跡があるという問題意識で発掘する、あるいは、かつて調査した記録をその目で振り返ってみると、「じつはあれは水田の畔区画の跡だったのだな」と後追いですが再発見されたりして、分布が拡大したのです。いずれの例も「分布は現状」という性格の一面です。

ある遺跡や遺物の分布域が、その時点の知見によって「この範囲である」と判断しても、発掘の進捗によって分布域が変化して、その意味づけが反証されることもあります。しかし、追証されるか反証されるかのテストにさらされることで、考古学は科学としての要件を健全に保つことができるのです。

*「銅鏡百枚」 魏の景初三年(西暦二三九年)に倭の女王卑弥呼が明帝に朝貢を求めた際、明帝は詔をくだして卑弥呼を親魏倭王とし、下賜した品々の中に銅鏡百枚の記載が『魏志』倭人伝中にある。

カーネル密度推定法

分布図の加工の基本的な考え方は同じであるが、その加工法に「カーネル関数」を用いた統計的手法を使用したものが「カーネル密度推定法」である。既知の対象の点群から、全体の分布を推定する手法の一つである。遺跡の分布に応用する際には、各遺跡の面積や住居址数などで各方眼の重み付けをおこなうことによって、考古学的により意義のある分布図となる。

下図は北海道の人類遺跡を対象としておこなったカーネル密度推定の結果である。各地の遺跡の調査精度がまちまちであるために、発見された住居址数などの重み付けをおこなわずに、方眼の中心点から各遺跡までの距離だけを重み付けとして、密度分布を推定した。

北海道の後氷期型立地と超越的地域論

こうして図を作成することによって、北海道の人類遺跡の密度分布は、縄文文化以降、続縄文、擦文、アイヌ文化期、現代（コンビニの分布を指標とする）にわたって、時期によって広狭の差は多少あるが6つのほぼ同じ地域（Ⅰ～Ⅵ）で高まることが判明した。しかし、旧石器文化の遺跡の密度分布は、黒曜石の産出地である網走地方の白滝(A)と後志地方の赤井川(B)との２つの地域で高まる。以上のことは何を意味しているのだろうか。

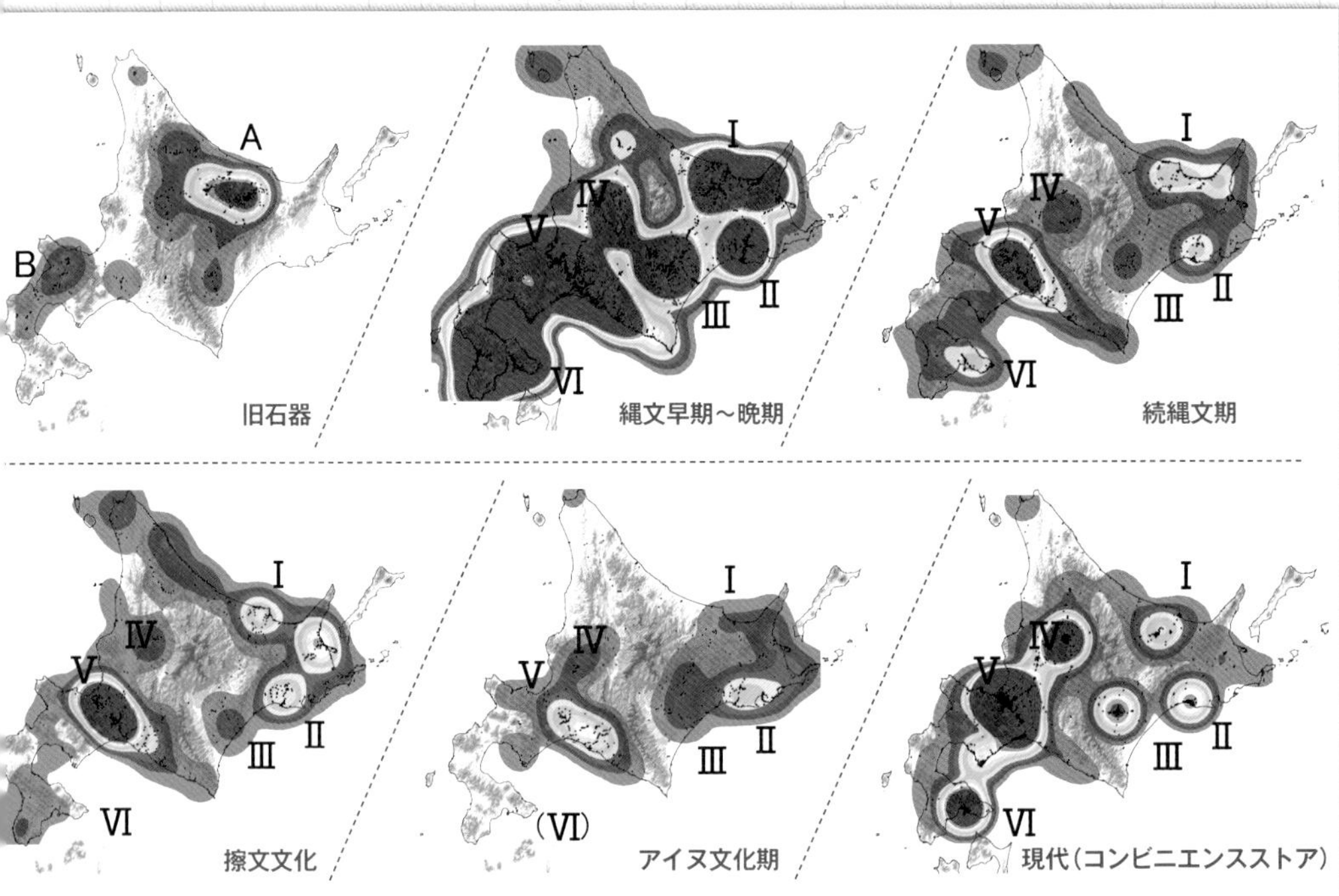

縄文のはじまりから現代にいたるまで、北海道の人類遺跡は６つの地域に集中し、活発な人類活動が展開した範囲は基本的には変わっていない。すなわち、氷期の最寒冷期をすぎ、現代にいたるまでの温暖な後氷期において、採集経済や生産経済に関係なく、人類活動が活発に展開し、人口が集中する地域は変動しなかったといえる。さまざまな空間的な広がりであらわれてくる分布現象とは関係なく固定的に存在するそれらの「後氷期型立地」の地域を、「超越的地域」と呼ぶことができるであろう。

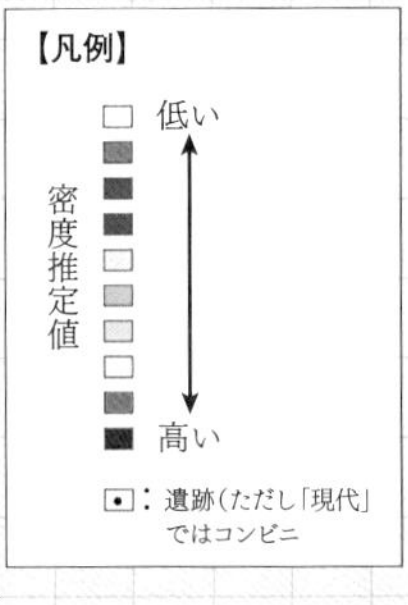

12 分布から見えてくるもの

考古学の分布論には２つの方法がある。一つは特定の人たちの居住範囲を解明するための分布論、もう一つは研究対象の地理的空間の広がりの特性や原因を明らかにするための分布論（地図学的分布論）だ。

（構成と文：小杉康）

ドットマップから等値線分布図へ

ある研究対象に属する複数の個体のそれぞれの位置を地図上に落としたものが「ドットマップ」、その広がりを線でかこみ込んだものがもっとも単純な分布図だ。

分布の特性を読みとりやすくするための加工方法が、地理学でいろいろと工夫されてきた。ドットマップの上に方眼紙をかぶせ、その各方眼中の点数を数え、その数を各方眼の中心に記入する（❶）。その中心点と数字とを基準として等値線を描く。これが等値線を用いた分布図である。方眼の大きさは、研究対象の性質や研究目的に合わせて、適宜決めればよい。

12分法による等値線分布図の作成法

ドットマップにかぶせる方眼の大きさを比較的小さくしておき、方眼a（水色）の数値と周辺の接する方眼の数値との平均値を求めて、それをもって方眼aの値として等値線を描く方法がある。「12分法」とは、方眼aの数値を4倍した数値と、それと接する８つの方眼（黄色）の数値との総和を、12で割り算して求めた数値を、方眼aの値とする方法である（❷）。

❶
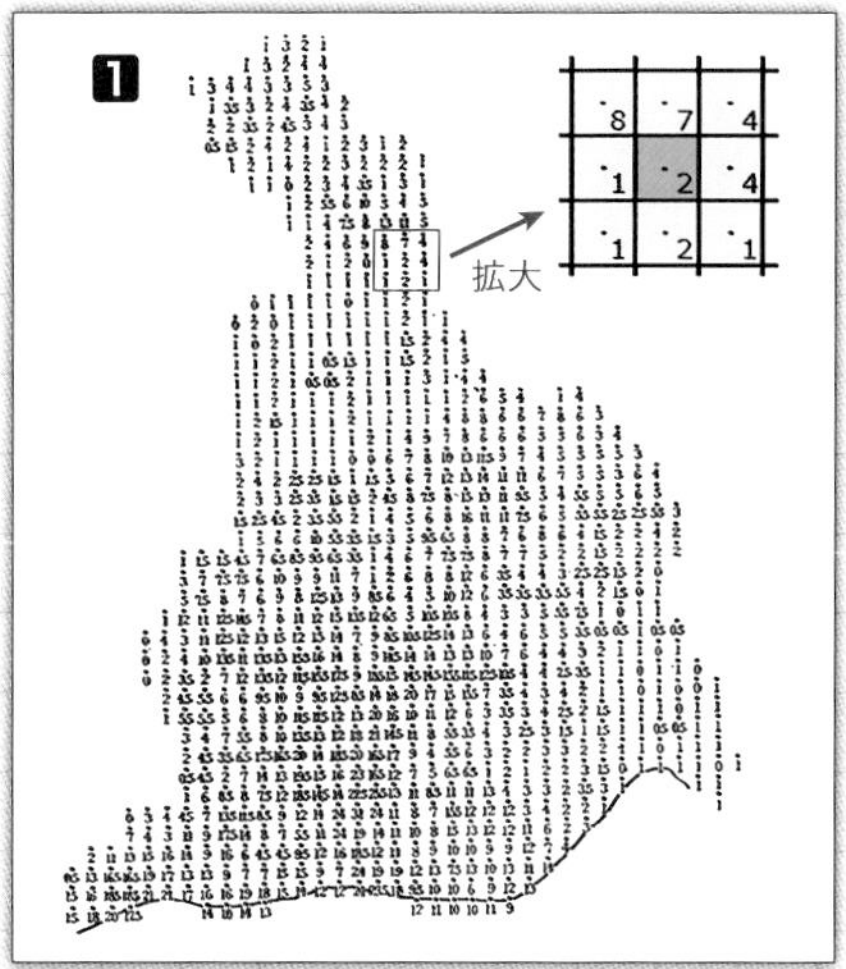

❷
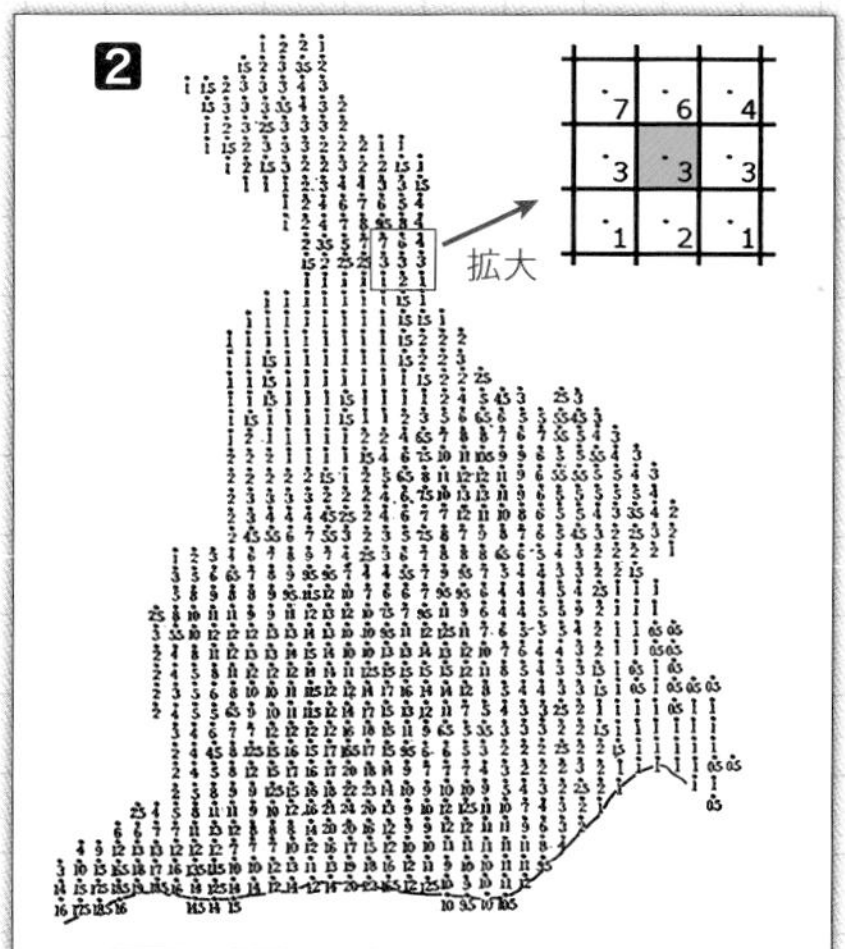

12分法による方眼aの加工値の求め方

$$\frac{8+7+4+1+(2\times4)+4+1+2+1}{12}=3$$

❸
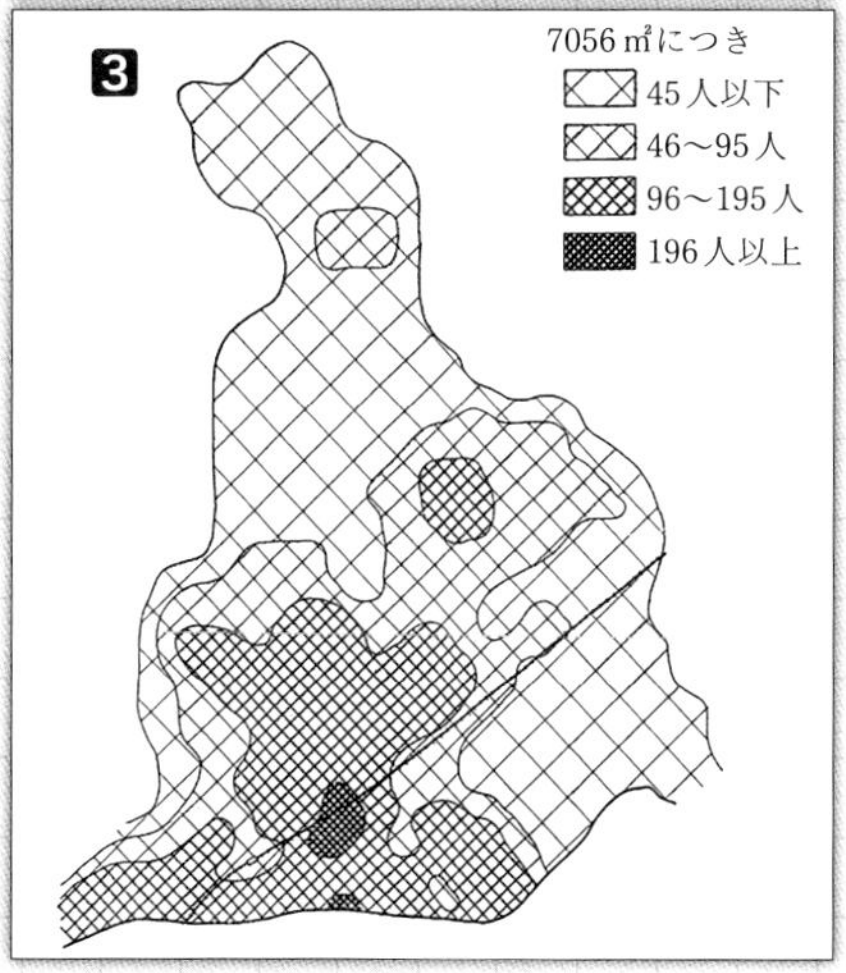

左図は、長野県岡谷市の人口分布形態を12分法で加工する工程である（三沢勝衛1931『郷土地理の観方』より）。こうした工程を経ることによって、データ採集時に生じた種々の偏向をとり除き、より実際に近い状況を表現していると考えられる（❸）。

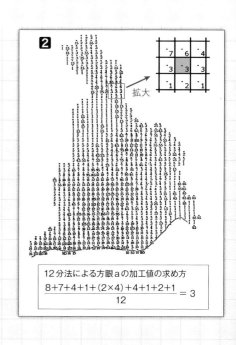

13 比較の大いなる可能性

隣接する地域間の土器や石器の比較、遺跡どうしの比較、古墳の石室の比較など、考古学は日常的に調査研究で比較をしています。あまりにも当然すぎて、比較の作用や機能、条件を正面からとり上げることはかえって少ないと思います。

たとえば、弥生時代後期の土器の文様でも、東海地方は壺や高坏に櫛描文が残る一方、南関東では縄文の施文がなお盛んであるといったように、比較の問題は分布の問題の陰に隠れているように見えますが、表裏一体です。土器でも石器でも、ある特徴に着目して共通の範囲をくくって示す分布は、ほかとの比較にもとづいて特徴を抽出しているからです。遺物・遺構・遺跡のどのレベルでも、比較の作業が必要です。

考古学では、隣り合う土器や石器を比較して特徴を抽出することが多いのですが、もう一つ重要な比較があります。それはたとえば、ユーラシア大陸にまたがるヨーロッパと日本の事例の比較などがそれです。それは、どのように扱われるべきなのでしょうか。

日常生活の道具の型式学的な広がりを扱っている場合は大きな問題は生じませんが、遠く離れた事例の比較には注意すべき点があります。どのような比較をしてはいけないか、という禁足事項が考古学の方法として明確になっていないからです。それは、伝統的に考古学が近隣の事例の比較研究以外に、大陸間におよぶような広域の比較論を展開したことが稀であったためです。

具体例で見ましょう。たとえば、北西ヨーロッパの円形墳や長形墳*の石室（新石器時代）と日本の古墳の横穴式石室（鉄器時代）を見ると、構築の形態や方法がきわめて類似していて、ヨーロッパの長形墳の石室に入ると、日本の横穴式石室にいるような錯覚にとらわれることがあります。

ヨーロッパの新石器時代の円形墳や長形墳と、日本列島の鉄器時代の古墳との間の事例比較は可能でしょうか。石室の築造に要した人間労働の量や規模などの比較は、究明の課題をそれだけに限定すれば比較は可能です。構築方法の解明も付随して可能でしょう。それらは当時のそれぞれの社会関係を捨象しても究明できるからです。

しかし、人びとがどのような社会関係のなかで築造に携わったのか、歴史的な意味や文脈にまったく触れられなければ、本来の考古学的・歴史学的な比較にはなりません。世界遺産に関連して、エジプトのピラミッドと中国の秦の始皇帝陵、大阪府堺市にある日本最大の前方後円墳である大山古墳が比較の例に引かれたりすることがよくありますが、比較の意図や解明の課題が明確でなければ、中身のない絵合わせに終わってしまいます。

***ヨーロッパの新石器時代の円形墳や長形墳**
紀元前六千～三千年紀にかけ石室をともなう円形や長形の墳丘の造営が盛んであった。スペイン、フランス、ブリテン島などに分布する。性格は追葬可能な共同体の集団墓である。

大きさの比較に意味がある？

墳丘の大きさだけでは比較にならない。陵墓の考え方やその構成で大きさはまったく異なる。

©Most likely Hamish2k

ピラミッドとスフィンクス
ピラミッドには、王妃たちのピラミッドや衛星ピラミッド、参道やスフィンクスなどが付属して、いわゆるピラミッド複合体を形成している。

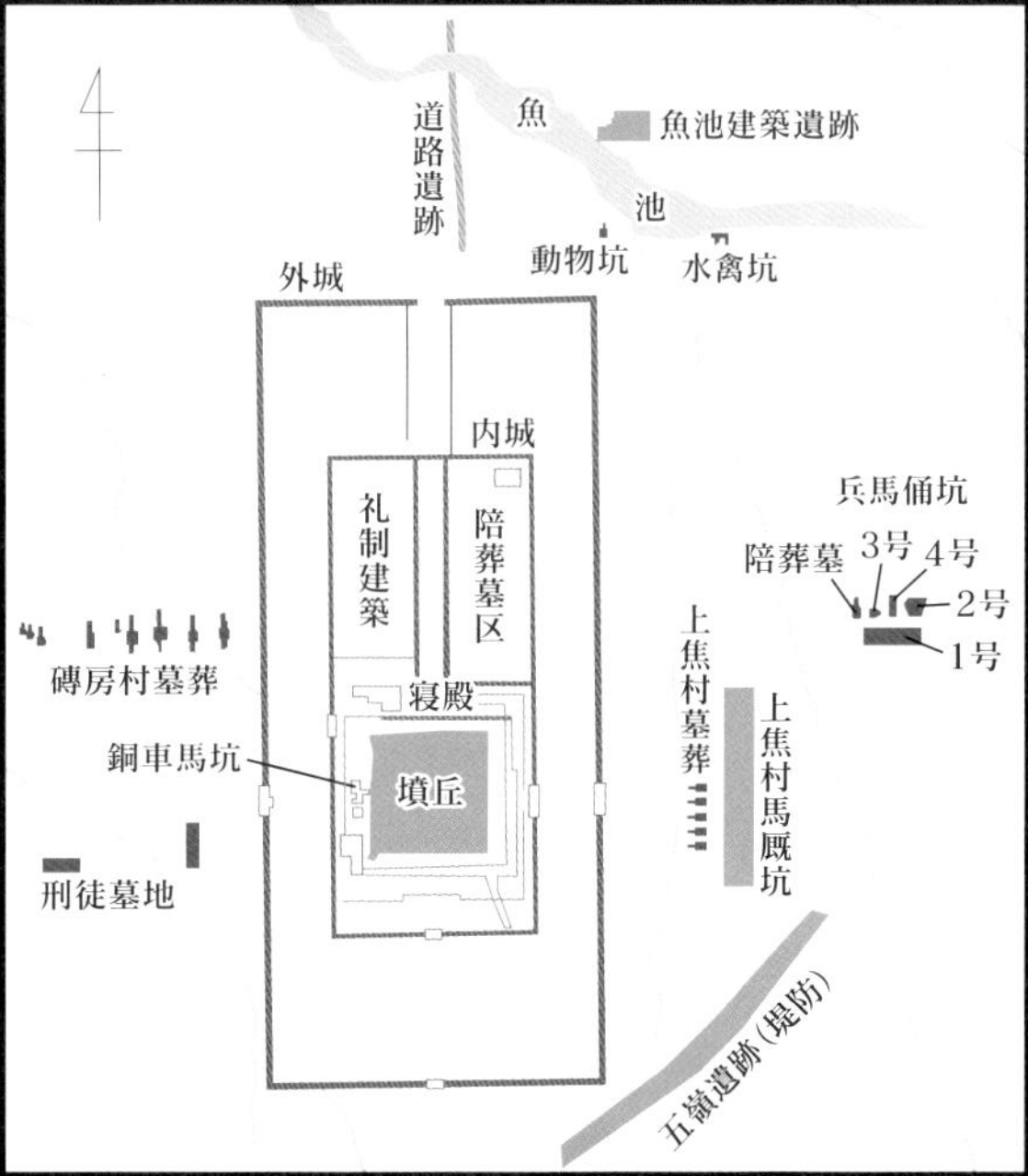

始皇帝陵の概略図
始皇帝陵は「陵園」とよべるもので、生前の世界が地下に再現されている。外城は南北2165m、東西940mあり、さらにその外側に兵馬俑坑や動物坑、水禽坑がある。

石室比較の可能性

構築の形態や方法がきわめて類似している北西ヨーロッパの円形墳や長形墳の石室と日本の古墳の横穴式石室。どのような比較が可能で有効だろうか。

ウエスト・ケネット長形墳の石室内部
イングランド、ウイルトシャーにある新石器時代前期の墳墓で、約5700年前。日本列島でいうと縄文時代前期後半。墳長100m、最大幅20mで、追葬可能な集団墓である。

唐人塚（かろうとづか）古墳の石室内部
岡山市北区賞田にある7世紀初頭の古墳で、石室長8.9m、玄室部長5.1m・幅2.2 ～ 2.9m。

唐人塚古墳の石室入り口

13 比較は歴史的方法と結びついてはじめて効力を生む

古代エジプトのピラミッド、中国秦の始皇帝陵、大阪府堺市の大山古墳をならべ、大きさで比較することなどがよくある。本来は墳丘だけでなく陵域もふくめて比較することが必要だが、わからない点も多く、実現していない。築造に要した人数と期間を、現在ある基準をもとに推定して労働の量でくらべることは可能だろう。築造方法の復元も可能だろう。しかし、これだけでは比較研究にはならない。投入された労働の量からだけで当時の支配機構の構造や性格に迫ることは不可能だ。

どのような社会関係のもとで造営されたのか、それを可能にした条件は何かなど、それぞれの地域の前後の歴史的経緯を明らかにすることとセットになって解明される必要がある。その意味で、比較の方法は歴史的な方法と結びついてはじめて意味のある研究となる。遠隔地間の広域比較の方法は、今日でもなお考古学としては未発達である。

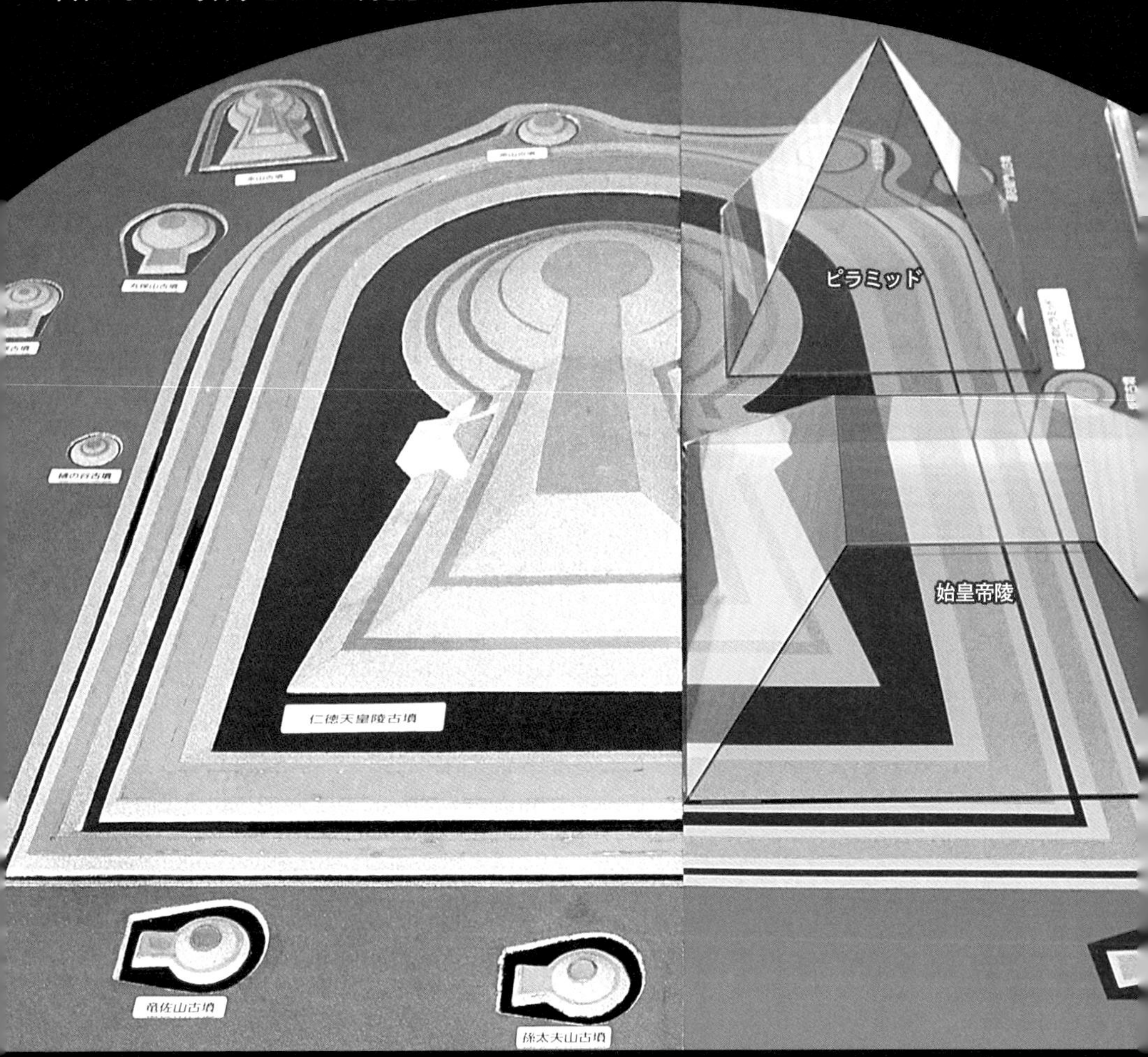

ピラミッド、始皇帝陵、大山古墳の墳丘比較模型
大山古墳の模型に同縮尺で、エジプトのカフラー王のピラミッドと秦の始皇帝陵の墳丘の外形模型を置いている。陪塚も含めて大山古墳の陵域と考えることができるかもしれない。

14 復元とそれを確かめるには

考古系の博物館とか図録では、縄文時代の集落を復元したり、古墳の祭祀を復元したりしたジオラマや復元画を見かけます。遺跡の地を訪ねても、説明板や展示施設がなければ足の下に埋もれた文化財のイメージをいだくことは困難です。ですから、こうしたジオラマや展示は、遺跡を身近に感じたり大昔のイメージをもったりするのに参考になります。しかし、縄文人の髪型や衣装や祭祀者の身振りまで、そうだったのかと思い込んでしまいます。

一口に復元といっても、どこまで復元できて、どこまでは復元できないのでしょうか。文字の助けがまったく期待できない時代を考えてみましょう。

考古学の理解はつぎの順で困難さを増します。（1）土器や石器の製作技術、（2）狩猟採集などの生業、（3）家族や集落の構成員や共同体内外の社会関係、（4）祭りや信仰、葬送儀礼に表現される精神世界。（2）と（3）の間には大きな段差があります。発掘して手に入れる考古資料は自らを語らないので、（3）の解明のためには、前提、仮定、解釈を差し込まなければ叙述できません。こうした要素が少ない（1）の研究が考古学のもっとも得意とする分野です。

こうしたさまざまな制約を踏まえながら可視化したものが、ジオラマです。たとえば縄文時代の竪穴住居の中を復元する場合を見ましょう。ジオラマには（1）〜（4）の要素がすべて入っています。（3）や（4）も解釈を含んでなんらかの形で表現されているから見る者に強いインパクトをあたえるのです。考古学は発見された物を展示するのは得意です。しかし、物と物の関係を展示で示すのは容易でありません。関係自体は遺物に刻印されることはまずありません。そのため復元をより信頼できるものにする試みもおこなわれています。

道具の使い方を想定して近似的な追証を試みる実験考古学がその一つです。また失われた先史時代の社会関係は復元できなくても、たとえば動物の狩猟、解体、分配、消費について人間の行動パターンを、現生の民族誌を用いて解釈するモデルを提供する、民族誌考古学とよばれる分野があります。また、ヨーロッパの遺跡のパンフレットでは、発見された事実は立体字で、解釈は斜字体（イタリック）で書き分け、事実と解釈が読む人にわかるようにする試みもおこなわれています。

いずれも、学問的な追証明や反対証明のテストが可能となるよう、復元できることと復元しにくいことを、訪ねる人、観る人、読む人がわかるようにする試みです。

失われた部分の多い考古資料も、根拠となるデータがどこからきているのか、それを問うことで、復元の可能性の信頼度が理解できます。

古墳時代の集落復元ジオラマ（群馬県渋川市黒井峯・西組遺跡）

古墳時代の集落跡で、榛名山の大噴火による大量の軽石・火山灰と火砕流によって埋もれてしまった。2mを超える軽石層をとりさると、その下から当時のムラの建物や柵、畑、道からは人の歩いた痕や馬の蹄跡まで、当時のムラの暮らしがそのまま出現した。

（構成と文：石井克己）

軽石を除くと、古代の地表から建物や人の踏み跡まで明らかになった（下写真）。ムラは集団ごとに柵でかこまれ、大きな建物から小さな作業小屋、馬小屋、高床倉庫などがあり、そのあいだは道でつながり、人や馬が行き交っていた。この周囲には畑や菜園などがあった。ジオラマでは季節を古代人の活動が活発な収穫の秋に設定している。

畑の作業風景

遺構では、畝の種類に幅広のもの、高く盛ったもの、低いものなどが確認できた。また同時に、土起こしや畝をつくらない焼畑も存在する。ジオラマでは、畑で秋まきの作業の人たち、山から垣根に使う木を背負ってようやく帰った人たちの会話風景に、里芋の面倒をみている人を配した。

敷地内での作業風景

遺構では、2棟の平地建物（住居と納屋）が近接してみつかった。建物の左側は家の表で突き固められており作業場であったと考えられる。右手は家の裏になり凹凸が著しい。ジオラマでは、屋外で収穫した里芋の選別と冬にむけての茎の保存の加工、米搗き作業などをしている風景を再現した。

馬小屋

屋根は寄棟で壁はごく一部分設けるだけの建物。内部は通路と小部屋に区切られ、数頭飼われ、汚れた敷き藁は脇の溝や穴に捨てられ清潔に保たれていた。敷地内で馬の蹄跡も見つかっており、一緒に暮らしていたことがわかる。ジオラマでは馬を連れ出し、手入れしている風景にした。

14 復元模型の製作と検証

遺跡に残されたモノから、その時代の人物像や生活像を復元するのには大きな困難がともなう。はなはだしい情報の不足を痛感する瞬間でもある。それでもいくつかの考古学的な手がかりや、科学的成果をもとに復元がおこなわれ、博物館での展示がなされる。

5000年前の縄文女性の復元像（長野県御代田町浅間縄文ミュージアム）

人形が身につける耳飾り（ピアス）や腕輪などのアクセサリー、使用している椀、ナベ（土器）などは、遺跡の出土器をもとに考古学者がプランを描く。服装や髪型は、手がかりがきわめて少ないが、土偶の表現などをもとに復元される。体型や顔つきなど身体に関する情報は、出土人骨をもとに人類学者が復元、両者のコラボレーションにより復元が完成する。

（構成と文：堤隆）

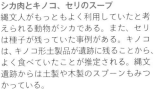

土製耳飾り
ピアス式にはめたもの。長野県川原田遺跡出土。

人類学者による歯型の検証
歯は小さく、前歯は現代人のように上下がズレずに、ぴったりと噛み合わさる。縄文人は、食べ物をよく噛み、顎は丈夫だったが、時には虫歯や歯槽膿漏に悩んだこともあったらしい。

↑馬場悠男
国立科学博物館
名誉研究員

復元された縄文人女性
人類学的な情報により、身長は縄文女性の平均である147cmとした。顔は平面的でなく立体的で、鼻が高く、二重まぶたで、瞳は茶色、髪の毛は縮れぎみで、耳たぶは現代人より大ぶりである。年齢は20代。衣服は、しばしば植物の繊維で編んだアンギンなどで復元されるが、皮をなめす技術や縫製のための骨角製の針などの存在が知られているため、ここではなめした革の上着とズボンを着せた。

焼町《やけまち》土器
5000年前の縄文土器。ナベとして使用したため、オコゲが内部に残る。長野県川原田遺跡出土。

シカ肉とキノコ、セリのスープ
縄文人がもっともよく利用していたと考えられる動物がシカである。また、セリは種子が残っていた事例がある。キノコは、キノコ形土製品が遺跡に残ることから、よく食べていたことが推定される。縄文遺跡からは土製や木製のスプーンもみつかっている。

15 文化財は残ったのではなく作られる？

「あなたの地域の文化財は何ですか？　そう尋ねられたとき、あなたは何と答えますか。世界遺産の今帰仁城跡《なきじんぐすく》*ですか。往時の面影を残す仲原馬場ですか。それともなにげなく車で通り過ぎる道端にたたずむ老木でしょうか」

これは、沖縄県国頭郡『今帰仁村の文化財』ガイドブックVol.2（二〇一〇年）に記された教育長謝花弘さん（当時）の書き出しです。そして、謝花さんは「地域の文化財を知ることが、私たちの祖先がどう生きてきたか（過去）、今にどう息づいているか（現在）、そして次の世代にどのように伝えられていくのか（未来）という、目には見えない歴史のつながりを今に生きるあなたが考えるきっかけになりますように……」と結んでいます。

文化財は、現在の目によって発見された過去であり、未来へ長く伝えられることを願って発せられる問いかけです。ですから、「文化財は残った」のではなく、現在のさまざまな調査と価値の評価が加わって「文化財になった」のです。

*今帰仁城跡
沖縄本島の北部、国頭郡今帰仁村にある城（グスク）遺跡。一四世紀三山分立時代の北山の領域を支配した王国の居城。調査の結果、第一期（一三世紀の終わり）から第四期（一七世紀）まで変遷した。

一例を挙げると、二〇一八年に国の史跡に指定された板東俘虜収容所があります。第一次世界大戦期、ドイツの租借地であった青島で日本軍の捕虜となったドイツ兵捕虜四七一五名の内一〇〇〇名が一九一七年から二〇年まで収容された施設で、徳島県鳴門市大麻町桧（旧板野郡板東町）にあります。鳴門市教育委員会による発掘調査で、地中に埋まっていた建物や製パン所の基礎などが再発見され、当時捕虜が作成した測量図どおりの遺構の配置で、遺構も良好に残ることも確認されました。

ハーグ陸戦条約にのっとり、捕虜への人道的対応によって、音楽、スポーツ、演劇など捕虜と周辺住民の交流も芽生え、ベートーヴェンの交響曲第九番の日本初演がこの板東俘虜収容所であったことも、いまでは広く知られるところとなりました。

第一次世界大戦関連の遺跡として稀であるだけでなく、交戦国間の文化交流を象徴する遺跡として指定されたのです。文化財の残存の程度ではなく、歴史的な文脈を示す諸資料によって価値の付与がおこなわれ、国の史跡となった一つの例です。鳴門市は、板東俘虜収容所関係資料の、ユネスコ「世界の記憶」への登録をめざしています。

公共考古学*（パブリック・アーケオロジー）が、学問の対象である遺跡・遺構・遺物だけでなく、現代社会の中での考古学のさまざまな役割や立場、影響（考古学と教育、先住民、植民地主義、遺跡マネージメントなど）を議論し、市民に開かれた考古学の草の根を培う場として、日本でも議論されるようになりました。ただ、遺跡は調査の成果にもとづいて真正の価値が担保される状態を前提に、はじめて多様な活用と展開の可能性が生まれます。

＊公共考古学
英語Public Archaeologyの日本語定訳はまだないが、本書では「公共考古学」とした。パブリック・アーケオロジーとカタカナ書きすることもある。松田陽・岡村勝行『入門パブリック・アーケオロジー』（同成社、二〇一二年）では「考古学と社会との関係を研究し、その成果に基づいて、両者の関係を実践を通して改善する試み」と広く定義している。

ふくしま震災遺産保全プロジェクト

福島県立博物館では、2014年度から県内の自治体と協力して東日本大震災を博物館資料化するとり組みを始めた。震災で福島県に起きつづける多様な出来事、すなわち「ふくしまの経験」を示す歴史的資料として震災が生み出したバショやモノに着目し、これらを「震災遺産」とよんでいる。震災遺産の保全は、震災の経験を広く共有し継承するための基盤となりうる。

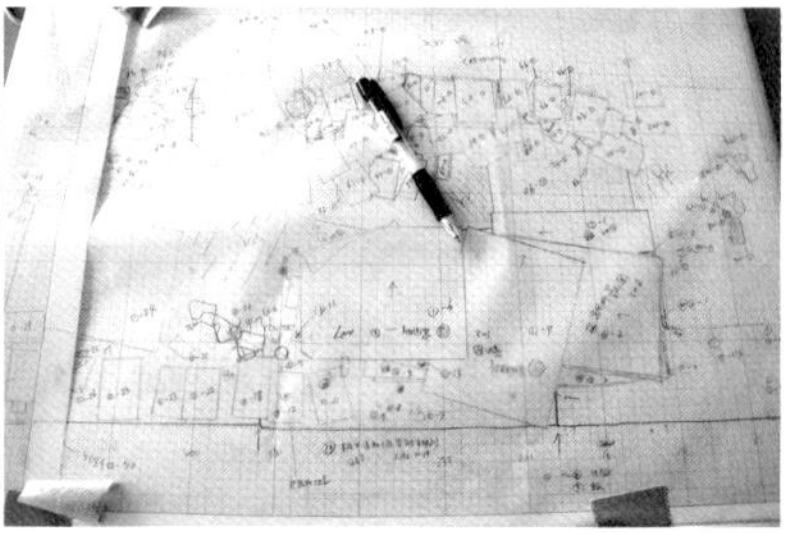

災害対策本部跡（富岡町）の調査
3月11日に設置された「1日かぎり」の富岡町の災害対策本部跡。被災・避難対応状況の確認から翌日の原子力発電所事故にともなう全町避難へと局面が変わったことを物語る震災遺産が存置されていた。考古学的な計測をおこない平面図を作成した。

ストーブをとり囲むパイプ椅子（福島県立博物館）
特集展「震災遺産を考える」での展示の一コマ。避難所跡に残されていたものの位置関係を記録・収集し、再現した（2020年）。

津波で被災した道路標識（浪江町）
博物館資料そして文化財として後世に残すため、薬剤を塗布し劣化防止措置を実施。被災した道路標識は被災した場所を如実に示す役割を果たしている。

牛舎の柱レプリカ（南相馬市）
避難地域の牛舎に残された牛が空腹にたえかねてかじった部分がやせ細っている。東日本大震災は生業や動物たちにも大きな影響を与えた。

余震で生じた活断層の剝ぎとり作業（いわき市）
地元の大人と中学生が一緒になり、作業を実施した。自分たちが生きる地域で何が起きたのかを知るきっかけとなる。

（構成と文：高橋満）

15 新たな目で見た文化財

現在の目によって発見される過去だけでなく、現在の私たちの問題関心によって発見される「現代」もまた、次世代に伝えるべき文化財になりうる。

板東俘虜収容所の発掘調査

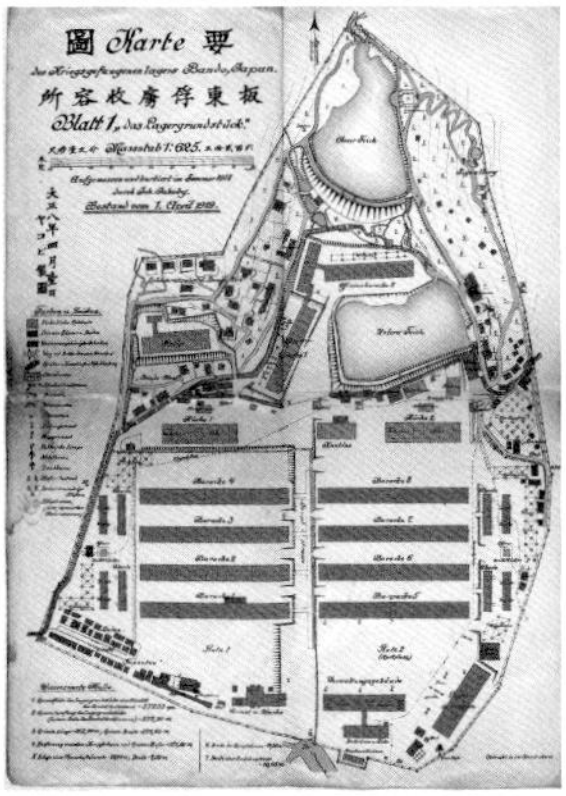

『板東俘虜収容所要図』
測量技術を有するドイツ兵捕虜が収容所の依頼を受けて測量し、所内に自分たちが設置した石版印刷所で5色刷り印刷し、捕虜むけに販売した図。発掘調査では、この図に描かれている場所・方向で遺構を確認することができた。

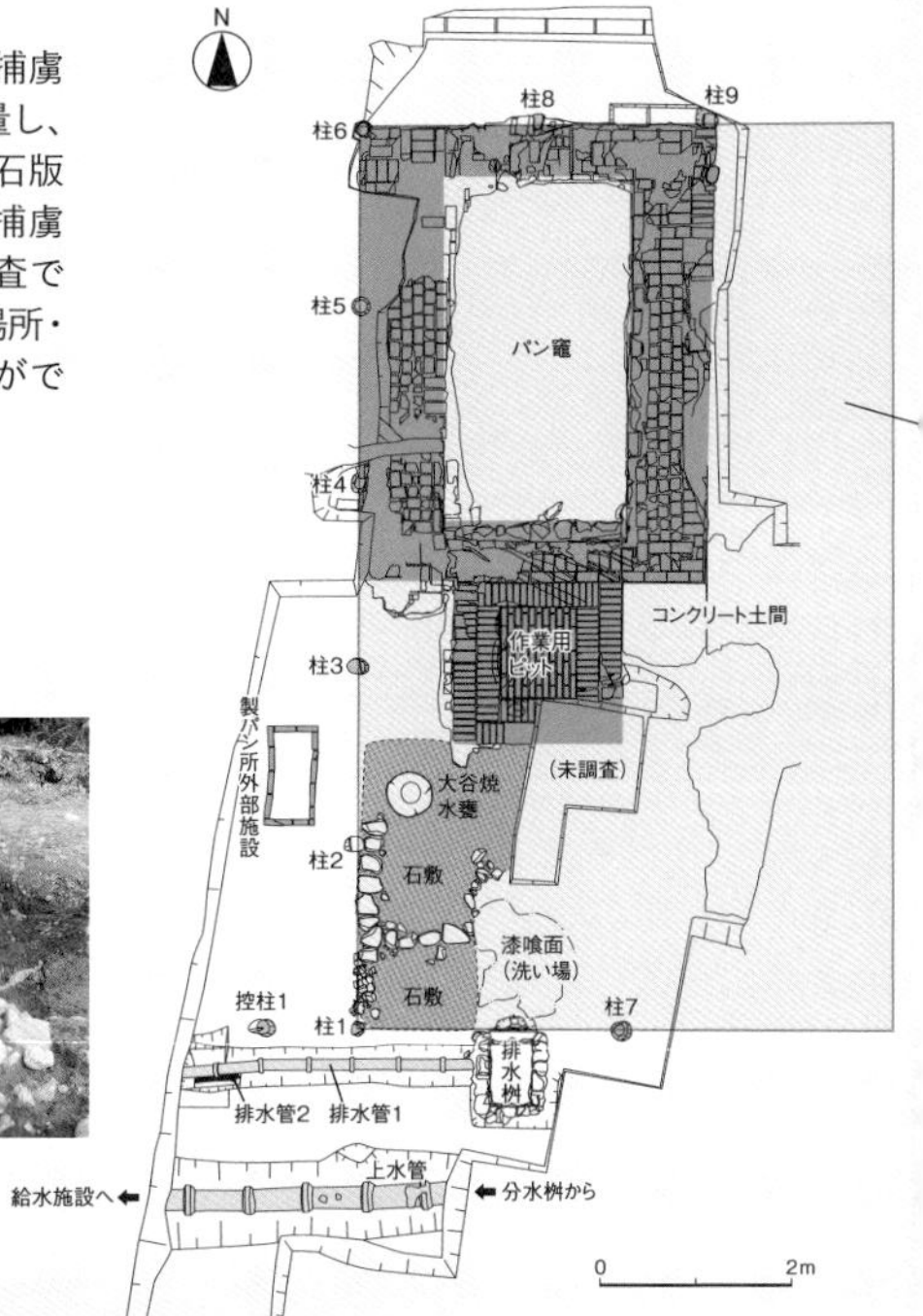

兵舎跡（第5棟）中央に細長く通路を設ける構造などから、陸軍で「廠舎」とよばれる臨時的な建物であることがわかった。

兵舎の基礎（第2棟） 短期間で完成させた兵舎だが、割栗石を敷き込んで突き固めた上にレンガ基礎を築いている。

兵舎の前に集合したドイツ兵捕虜と収容所所員

製パン所跡と実測図 手前のレンガにかこまれた場所がパン竈の跡。当初は陸軍が建設した竈が使用されていたが、消耗が激しくできたパンも捕虜の好みにあわなかったようで、捕虜のなかのパン職人や建築関係者が設計・施工した。この製パン工房では地元の日本人が製パン実施講習を受け、工房の捕虜パン職人と収容所所長から修業証書が発行されている。

16 太古の人骨のあつかいに制限はあるのか

ただの一例でも社会に強いインパクトをあたえることがあります。ヨーロッパアルプスの山頂ハウスラブ・ヨッホの近く海抜三二一〇メートルの地点で一九九一年九月一九日に人間の遺体が偶然発見され、世界中の考古学界は大騒ぎになりました。放射性炭素年代は五三〇〇年前です。学名ホモ・サピエンス・ティロリエンシス、俗称アイスマン、愛称エッツイです。山頂に倒れた状態で突然姿をあらわしたのです。

男の所持品は、完成直前の弓幹、矢柄、フリント製石鏃の装着された矢、矢筒、銅斧、リュックサックの木枠、白樺製の容器（弁当箱）、フリント製の短剣と鞘、鹿角を埋め込んだ鉛筆状の石器調製具、革製ウェストポシェットです。ウェストポシェットにはフリント製スクレイパー・錐・剝片・骨針・火口、草を編んだ縄、束ねた動物の腱などが入っていました。身にまとっていたのは紐付きの毛皮の帽子、草で編んだマント、ストッキング状のズボン、底が革製で甲は毛皮で包まれた靴など。遺体の推定年齢は三五〜四〇歳、体の九カ所に短い平行線と十字形の入れ墨の痕が。

この男性は、北イタリアの新石器時代後期にあたるレメデッロ文化*という農耕社会に属し、アルプスの南イタリア、イタリアのヴェノスタ地方からヒツジ・ヤギの放牧のためアルプスを北に越え、その後また秋に南へ戻る途中で行き倒れになったと考えられていました。所持していた白樺製の弁当箱にあったカエデの葉と西洋スモモの実から、死亡時期は、九月か一〇月ころと推定されました。しかしその後の調査で、後ろの左肩から射込まれた石製の矢の先端がCTスキャンで発見され、殺されたことがわかったのです。

考古学的に貢献度の高いこの悲劇の人物の正式研究報告の第一巻はドイツ語で刊行されました。その中には、国際法や刑法関係の法学者の論文が四本あります。つまり、発見された遺体は軟組織がよく残り、個人装備も非常に良く残っていたので、この男を考古学・人類学的研究の対象として単純に扱っていいかどうかが問題になりました。テーマの倫理的側面、発見物の司法的関係、考古学的発見物の刑法上の保全などが議論されたのです。先史時代の対象でも、人間の場合、現代が鋭く反映される例でしょう。

こうした例だけでなく、アメリカ先住民の人骨と研究者の関係、アメリカにおける黒人奴隷の墓で発見された人骨や、日本ではアイヌの人びとの人骨の扱いなどが問題となりました。とくに近年は古人骨や歯からDNAをとり出すことができるようになり、考古学は古人類学とともに、研究対象の時代が新しくなればなるほど、こうした問題に向きあいながら進むことになります。

*レメデッロ文化
北イタリアに分布する新石器時代後期から青銅器時代にわたる文化。打製による石製の短剣、矢じりとともに銅製の斧が発見されている。青銅製の斧ではない。

人骨が教えてくれること

富山県富山市にある小竹（おだけ）貝塚は縄文時代の前期後葉（約6000年前）を中心とする遺跡である。汽水産のヤマトシジミの膨大な貝層とともに、墓域、居住域、生産加工域をもつ通年定住型の遺跡として著名で、91体もの埋葬人骨が発見されたことでも注目された。

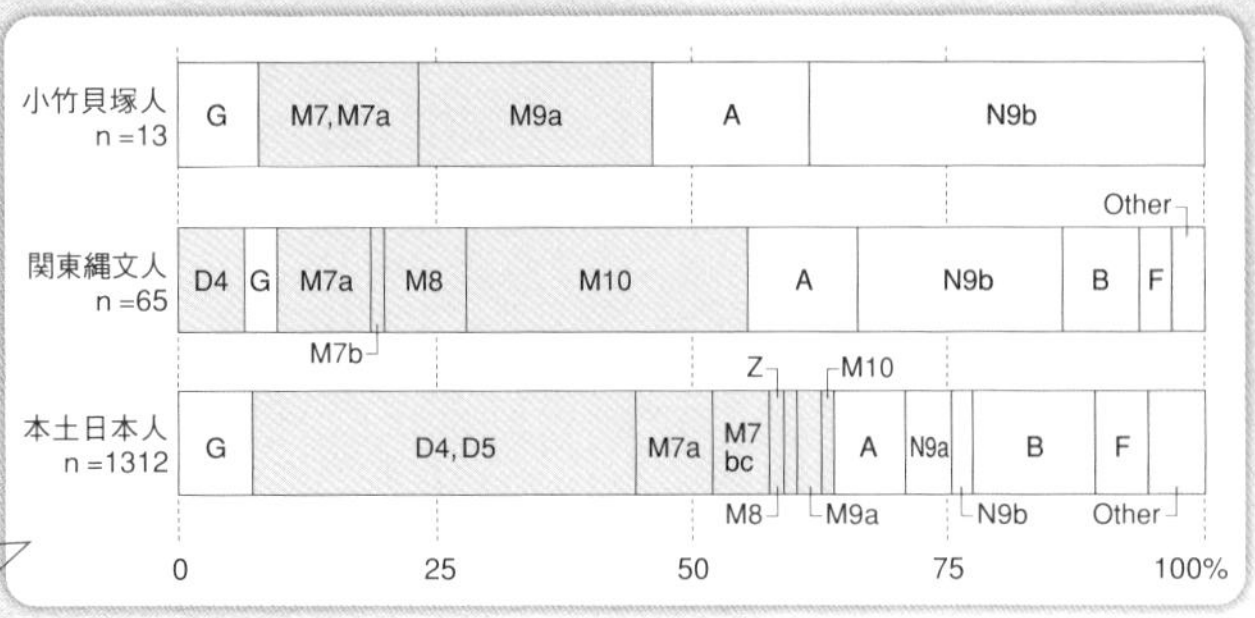

小竹貝塚人のハプログループ頻度

ミトコンドリアDNAのうち突然変異によって新たに生まれ集団内に固定されるタイプである「ハプログループ」を、各地のタイプと比較検討することによって流入の方向を推定する。人骨からミトコンドリアDNAの分析がおこなわれ、北方系の遺伝子と南方系の遺伝子を受け継ぐ人がいたことがわかった。

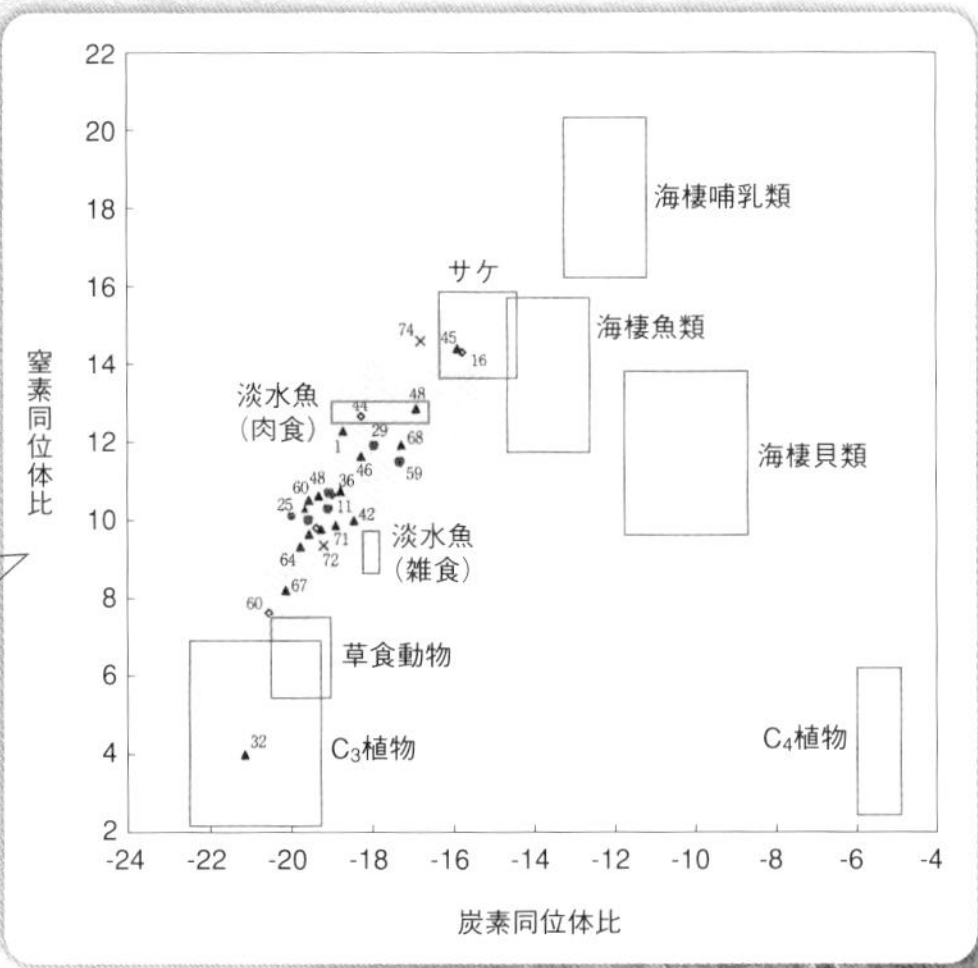

小竹貝塚人の食性

人骨に残るコラーゲンで炭素と窒素の安定同位体比を測定することによって、タンパク質を構成するアミノ酸の由来を推定し、どのようなものを食べていたかを追究する。ヤマトシジミばかり食べていたのではなく、陸棲と海洋の動・植物を組み合わせた食性であったことがわかった。

小竹貝塚・28号人骨の復顔

当時の縄文人のイメージを喚起するには重要だが難しい顔の復元にもとりくんだ。保存状態の良い青年男性で推定身長157㎝の28号人骨が選ばれた。顔の復元に欠かせない鼻骨が残っていたので、復顔が試みられた。

（作成：戸坂明日香）

小竹貝塚出土の1号人骨

仰臥屈葬・抱石葬の青年男性で、身長は170cm弱あり縄文時代男性としては高身長である。

16 遺体・遺骨と考古学

人骨は他の動物の骨とはちがって、たんに「資料」としてあつかえない場合が多い。近年では人骨の細胞内の遺伝情報DNA（デオキシリボ核酸）の解析によって、多様な情報をとり出すことができるようになった。そのため現代に近づくほど文献との突き合わせが可能なケースもあり、人骨「資料」のあつかいと評価は慎重を要するようになった。

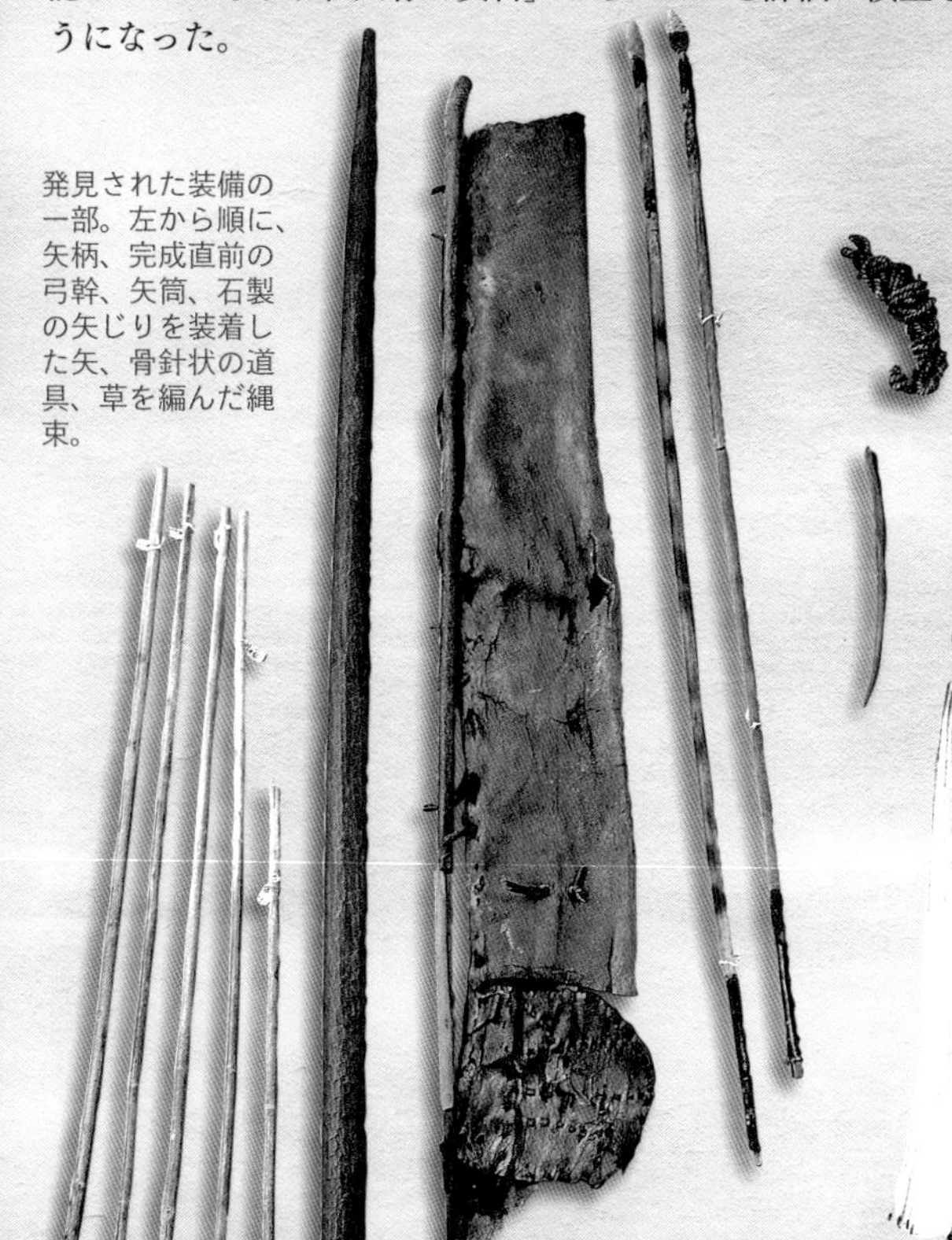

発見された装備の一部。左から順に、矢柄、完成直前の弓幹、矢筒、石製の矢じりを装着した矢、骨針状の道具、草を編んだ縄束。

©Römish-Germaniches Zentralmuseum, Maiz/ Christin Beeck

VEROFFENTLICHUNGEN
DER
UNIVERSITÄT INNSBRUCK
187

DER MANN IM EIS

Band 1

Bericht über das Internationale Symposium 1992 in Innsbruck

アイスマンの研究報告書（第１巻、インスブルック大学、1992年）
©Universität Innsbruck

アイスマンの復元画
©Julia Ribbeck

アイスマン

先史時代の人骨が対象でも、とくにアイスマンのように結状態のミイラとして軟組織がそのまま残っていたため、あつかいには「現代」が鋭く反映されることとなった。

17 分布の広がりと国家

どんな考古学的発見も、地球上のどこか特定の場所でのことです。地球儀に針を刺すよりも小さな点にすぎませんが、極域を除けば、そこは現在、どこかの国の領土に属しています。そしてたいてい、どの国でも考古学の学会や科学アカデミーの考古学部門などがあります。

ですから、その国の基準と学問的伝統に沿って発掘調査と研究、報告がおこなわれ、保存の措置がとられます（ある国に外国から調査隊が入って発掘する場合、調査や記録の方法をどうするか対応は複雑ですが）。

そのため、先史時代にさかのぼる過去も、たとえば「日本」がまだなかったずっと以前の縄文時代のことでも、「日本の縄文時代」と普通に言います。どこまでも近代国民国家の領土の枠組みで切りとっているのです。

近代国家のプロパガンダとして考古学が利用されてきたこともあります。第二次世界大戦中に、領土侵略の正当性を示す根拠として悪用された歴史があります。ナチ政権下のドイツでは、一九三三年から三七年にかけてドイツから東ヨーロッパ諸国にかけて大規模な先史時代の発掘がおこなわれました。考古学上の文化の広がりと民族を直結することにより、考古学は国家の領土拡張政策と人種主義のドグマに「科学の外皮」をまとった小間使いとなったのです。

そうしたことを回避するため、たとえば日本の旧石器研究では、地理的な広がりを示す際は「日本」と書かずに「日本列島」と明示するとか、最終氷期の最寒冷期に海水準が下がって現在の本州と四国と九州がつながっていた時代は「古本州」と表記するなど、工夫をしています。

つぎの例はどうでしょうか。二〇〇一年の中学生向けのある歴史の教科書に、縄文土器が世界最古であることを強調する記述がありました。青森県の大平山元《おおだいやまもと》Ⅰ遺跡の土器の放射性炭素年代測定による較正年代《こうせいねんだい》*で一六〇〇〇〜一五〇〇〇年前後にさかのぼるのを受けてのことでしょう。更新世にさかのぼる古い土器が日本列島に分布することと、現在の国民国家は直接、関係ありません。日本国の顕彰を縄文土器に直接投影して記述がおこなわれた例です。

約四万年前の新人（ホモ・サピエンス）の日本列島への到達は、新人のユーラシア各地への拡散の一環として、日本の中のことではなく、広い分布へ目をむけることが重要です。また、最古の土器についても、どの地点が最古かということではなく、現在は日本列島、中国、ロシア沿海地方で同様の古い土器が発見されていますので、その背景を広く探求することが、分布論の大きな課題なのです。

＊較正年代
放射性炭素年代の測定は、大気中の炭素14の量が過去から現在まで地球上どこでも一定であることを前提に開始された。しかし、宇宙線の変動などによって炭素14の濃度に時系列上の変化があることがわかった。実際の年代により近づけるため、樹木年輪などにもとづいて作られたデータセットのプログラムによって測定値を補正換算して年代値を出すようになった。これを較正年代という。考古学の編年や文化の年代比較の議論は、較正年代によって議論されることが多くなった。

第一次満蒙学術調査研究団

「満州国建国」による中国東北侵略の拡大がはじまった翌年の1933年、大規模に組織された「第一次満蒙学術調査研究団（地質学、地理学、植物学、動物学、人類学）」があり、関東軍の推挙により予備陸軍歩兵少佐、特務曹長、軍曹以下一等兵30名の警備のもとに調査が遂行された。著名なハルビンの顧郷頓遺跡はこれに先立って満州国兵士の保護下に、白系ロシア人の人夫総計250名を使って約3週間発掘がおこなわれた。

第一次満蒙学術調査研究団の調査風景
「植物化石の採集」（『熱河探検画報』1933年から）

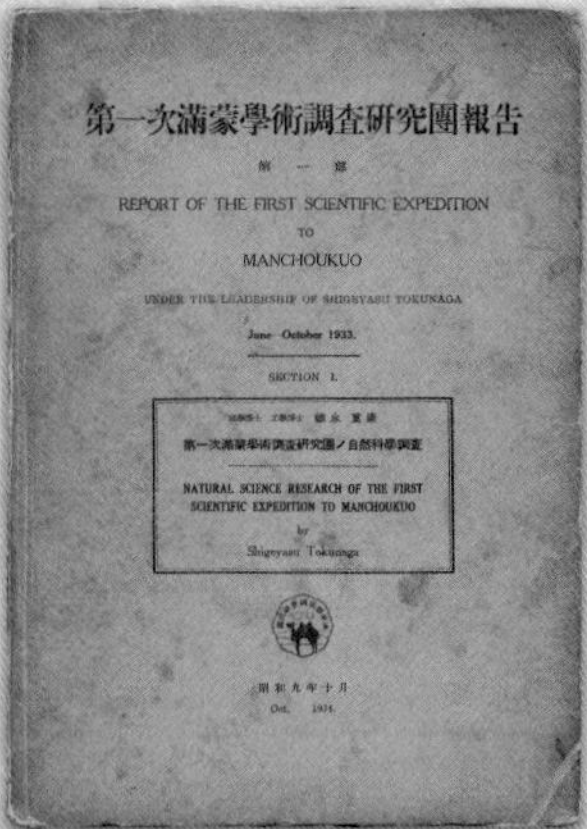

第一次満蒙学術調査研究団の報告書

調査研究団の警備兵（『第一次満蒙学術調査研究団報告』1934年所収）

17 考古学と国家

いかに古い時代の遺跡でも、発見される遺物が具体的に目の前にあると、遺跡（過去）と発見時（現在）の間にある時間の深さが自覚されにくくなる。国策に沿って遺物が恣意的に解釈されると国家にたいする学問的中立が破れる。調査の精度、内容、成果の解釈とは別に、どのような枠組みで調査がおこなわれたかを見ることも必要である。

大規模な先史時代の発掘

ナチ政権下のドイツで、先史学はゲルマン民族の起源をさぐる意味で重視され、考古学の研究機関はナチの「親衛隊－先祖の遺産」組織の統制下にあった。その国策にしたがって多くの遺跡が発掘された。

南ドイツ、ドナウ川上流の右岸にあるフェーダー湖のブハウでは、1937年にドイツ先史全国同盟のプロパガンダとして大規模な発掘がおこなわれた。

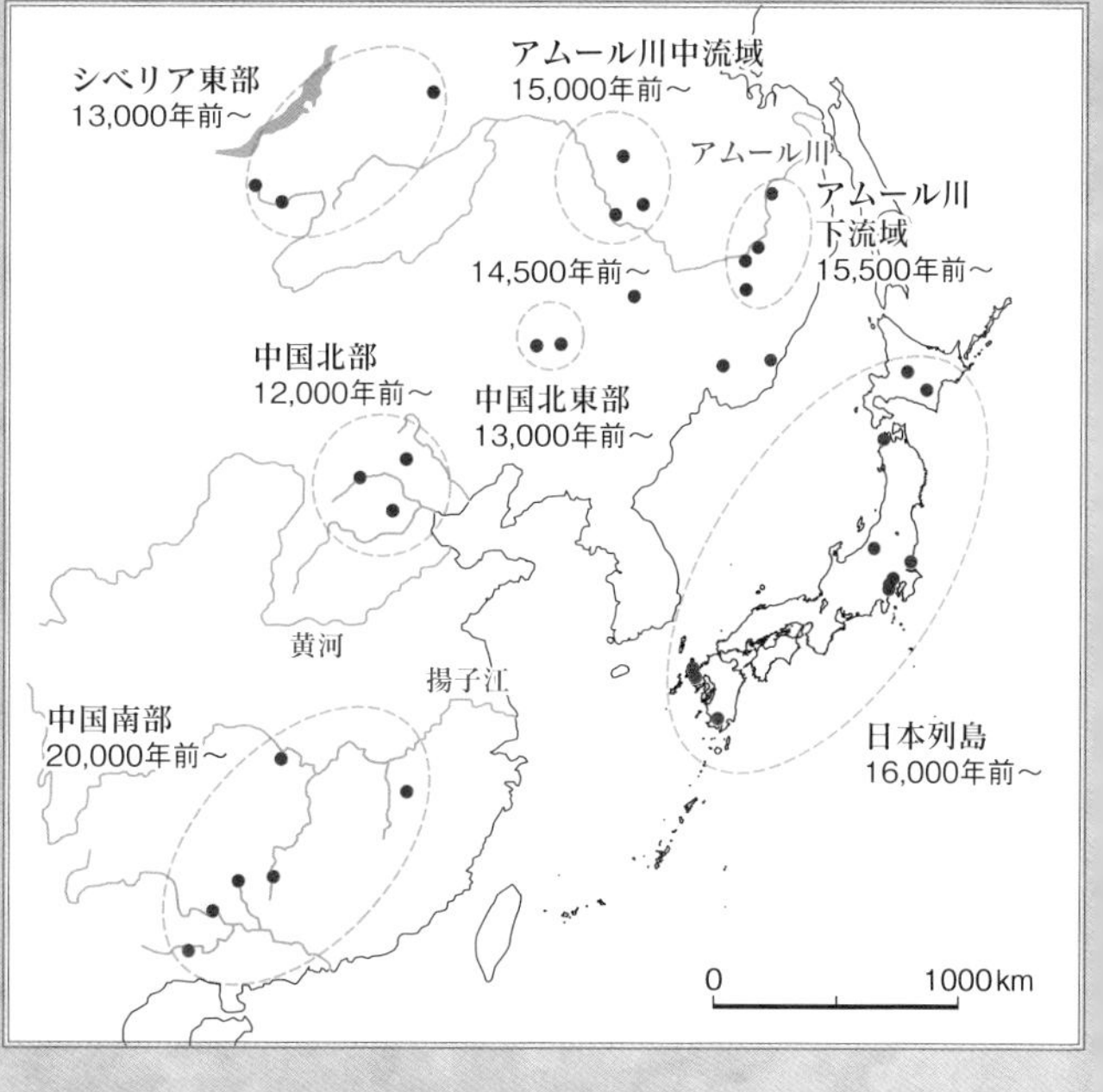

最古の土器が出現した地域の広がり

右図のように、現在の国家の領域とはまったく関係ない広がりを示している。

18 多様化・国際化する考古学

どんな分野の学問も現代社会とのつながりの中で営まれています。過去のことを対象とするからといって、考古学だけが特殊ではありません。現在、公的な資金を使っておこなわれる研究は、研究過程の透明性と結果を広く還元する責任を強く求められるようになりました。良いか悪いかではなく、学問の制度化の一面といえます。

とくに考古学は、研究そのものだけでなく、考古遺産の管理（保護・利活用のマネージメントなどを含む）、関連の教育普及活動など、草の根として広い基盤をもっています。そして研究、保護・活用、普及のそれぞれが地域住民や自治体に対応して、じつに多様なあり方を示しています。これは日本特有の現象でなく、世界各地で共通して認められます。

一昔前とは違って、国内外の大規模な学会組織では、文化財保護、考古学と教育、研究環境の改善、国際交流、災害と考古学、考古学とジェンダー問題、エスニックマイノリティーなど、文字どおり多様な現代の課題へのとり組みがおこなわれ、二一世紀の今日の状況を鋭く反映しています。

一九九三年に成立した欧州連合（ＥＵ）に合わせ、ヨーロパでは一九九〇年代から二〇〇〇年代のはじめにかけて文化的統合の促進に連なる行事が盛んでした。博物館ではヨーロッパに広く居住していたケルトの特別展を開催して領域的統合を象徴し、九世紀初頭の西ヨーロッパ世界を誕生させたカール大帝（シャルルマーニュ）の顕彰によって統合を象徴するなどです。「考古学者ヨーロッパ協会」（ＥＡＡ）も一九九四年に設立されました。国際会議にＥＵ以外の国から参加すると、なんとなく疎外感を味わったものです。ＥＵ加盟諸国間でも、文化財保護の状況はきわめて多様です。互いに抱える問題の違いと共通性について理解を深めるため、一九九九年にフランスのストラスブールで、文化財担当の実務者会議がはじめて開催されました。

東アジアでは、旧石器時代の研究組織の例ですが、日本、韓国、中国、ロシア四カ国間で「アジア旧石器協会」を二〇〇八年に設立しました。学問の伝統、組織運営の方法、テーマや課題、問題意識のあり方など、まことに多様で、二〇〇三年から設立準備を開始して五年を要しました。違いを一致させることは不可能で、その必要もないのでしょう。違いを相互に認め合い共有することができれば理解が充分深まったことになります。

現代社会の中の考古学の特徴は、このように「日本の中の地域」「日本全国レベル」だけでなく、「国を越えた広がり」の三つのレベルそれぞれの固有の課題と共通の課題を了解することが必要なところまで来たのです。

考古学の教科書作成
内戦下のシリアでは盗掘が大きな問題になっている。長年、シリアで調査をしてきた筑波大学の常木晃氏は、シリアの人びとに遺跡の大切さを知ってもらおうと、アラビア語で考古学の教科書を作成し、難民キャンプなどで配布する活動をおこなっている。

『マンガで読む文明の起源　シリアの先史時代』
常木氏は、難民キャンプに暮らす小さな子どもたちのために、日本の文化庁の支援を受け、新たに『マンガで読む文明の起源　シリアの先史時代』を作成した。

（構成と文：安倍雅史）

パキスタンの砂漠地帯の発掘調査

日本列島の旧石器時代の系譜を知るためには隣接する地域、さらにユーラシア各地の同時代の遺跡の調査が欠かせない。日本の研究者は、北アジア、東南アジア、中央アジア、南アジアの各地で発掘調査をおこなっている。それらは、アフリカに出現した新人ホモ・サピエンスが日本列島に到達するルートを解明することを目的としている。

砂丘上の遺跡の踏査
年間降水量が100mmに満たない乾燥気候の下、高さ40m、幅1kmの巨大な砂丘が連なる砂漠地帯を踏査して、石器時代の遺跡を探索する。

丘の遺跡を発掘（ヴィーサル・ヴァレー遺跡群）
40度を超える暑さと砂塵の舞う乾燥のなかでトレンチを掘る。現地の人びとは崩れやすい砂層も手慣れた手つきで掘り進む。現場の食事も、村から届けてもらうカレーとビリヤニだ。

砂丘上に散布する石器
風で砂が動くたびに地中の石器が露出と埋没をくり返している。これらの石器の型式と技術を分析すると同時に、砂丘の形成年代を光ルミネッセンス法で測定して、石器群の年代を解明することが調査の目的である。

（構成と文：野口淳）

18 研究・支援・普及で世界をむすぶ

遺跡を発掘し、土器や石器を研究するだけが考古学者の仕事ではない。現在、日本の考古学者は積極的に、紛争や自然災害で被災した国外の文化財を保護する活動に乗り出している。また、研究自体も列島内にとどまることなく国際化している。

シリア文化財の支援

2011年以来、内戦が続く中東のシリアでは、遺跡の破壊や盗掘が大きな問題となっている。とくに2015年のIS（イスラム国）による世界遺産パルミラ遺跡の破壊行為は、日本国内でも大きく報道された。かつてシリアで発掘調査をおこなっていた日本の研究者たちは、現在、シリアの文化財を護る活動に尽力している。

シリア・パルミラ遺跡最大の神殿、ベル神殿
（©Bernard Gagnon，2010年）

IS（イスラム国）によって爆破されたベル神殿

破壊された地下墓
奈良県立橿原考古学研究所の西藤清秀氏は20年以上、パルミラ遺跡で発掘をおこなってきた。内戦では、西藤氏が中心となって発掘・復元した地下墓も略奪され、死者の姿を刻んだ胸像が盗み出された（左：盗難前、右：盗難後）。

保存修復の研修
現在、国連開発計画の委託を受け、西藤氏が中心となり、シリア人専門家研修をおこなっている。国内のさまざまな大学や研究機関が研修生を受け入れている。

19 私の歴史？ 他者の歴史？

考古学があつかう時代の範囲は、現状で最古の道具（石器）が発見されている約二六〇万年前から現代までです。二六〇万年は非常に長い時間です。西暦起源から今日までの経過年の約一二八七倍にもあたります。

はるかむかしに社会集団の階層化が未発達の時代がありました。階層化が進んで支配・非支配の関係が階級関係として顕在化するようになりました。その後、古代国家が成立して、中世、幕藩体制をへて、明治維新後に近代国民国家が成立して、今日にいたります。考古学の記述も、「日本」「日本人」とひとまとめにするのではなく、歴史的な展開にあわせて書き分け、読み分ける必要があります。とくに「日本人の起源」「日本文化の起源」「日本文化の基層」という用語に出会ったときは、自分の力でよく考えてみましょう。

考古学者が、「日本史」を大昔に延長していって自分たちに引き寄せて書いているのか、あるいは他人の歴史として書いているのかで、読者も無意識のうちに自分の脳をそれに沿わせて読んでいます。はるか過去でも、思い入れ深く自分たちの歴史に直結した一コマとして書いている場合は、読者も感情移入して理解する傾向が強くなります。

ノルウェーのベルゲン大学の考古学者E・J・クレッペは、叙述するとき対象を、(1) my history(私の歴史)として書くのか、(2) your history(あなたの=他者の歴史)として書くのか、それとも(3) the history(客観的歴史)として書くのか、どの基軸で書くのかで大きなバイアスが生まれる、と問いました。

フランスのクロマニヨン岩陰で発見された新人(ホモ・サピエンス)の化石についてふれるとき、フランス人は「私の歴史」では書きません。現代のフランス人は「新人化石」に直接自身に連続する祖先だという感情を抱いていないでしょう。ドイツのハイデルベルク市の東南近傍で発見されたハイデルベルクの化石人骨(ホモ・ハイデルベルゲンシス)について、ドイツ人も「私の歴史」では書きません。いまからさかのぼって、近代国民国家、中世、古代ローマ支配の時代へとさかのぼり、さらに鉄器時代、青銅器時代、新石器時代、旧石器時代にさかのぼってまで、ゆるぎなく一系でつながることなど、ありえないからです。

その点、日本では「日本」「日本国」として見ることが多いのではないでしょうか。国民的な関心の高い邪馬台国について、「私の歴史」で書けば気持ちがよくて、「あなたの歴史」で書けば気分が悪くなり、「客観的な存在としての歴史」で書けば無責任だ、ということになるのでしょうか。感情を移入して過去を抱きしめるのはたやすい。また人はそのように流されやすい。突き放すのは逆に難しい。問いは開かれ、多様な価値が投げかけられています。

歴史叙述に関する問題提起をしたE.J.クレッペ

ノルウェーで活動する考古学者クレッペは、ベルゲン大学人文学学報に掲載した論文の中で、歴史を叙述するときに、「私の歴史」として、または「あなたの＝他者の歴史」として、それとも「客観的な歴史」として書くかで、歴史認識に大きなバイアスが生まれることを問題提起した（1991年）。

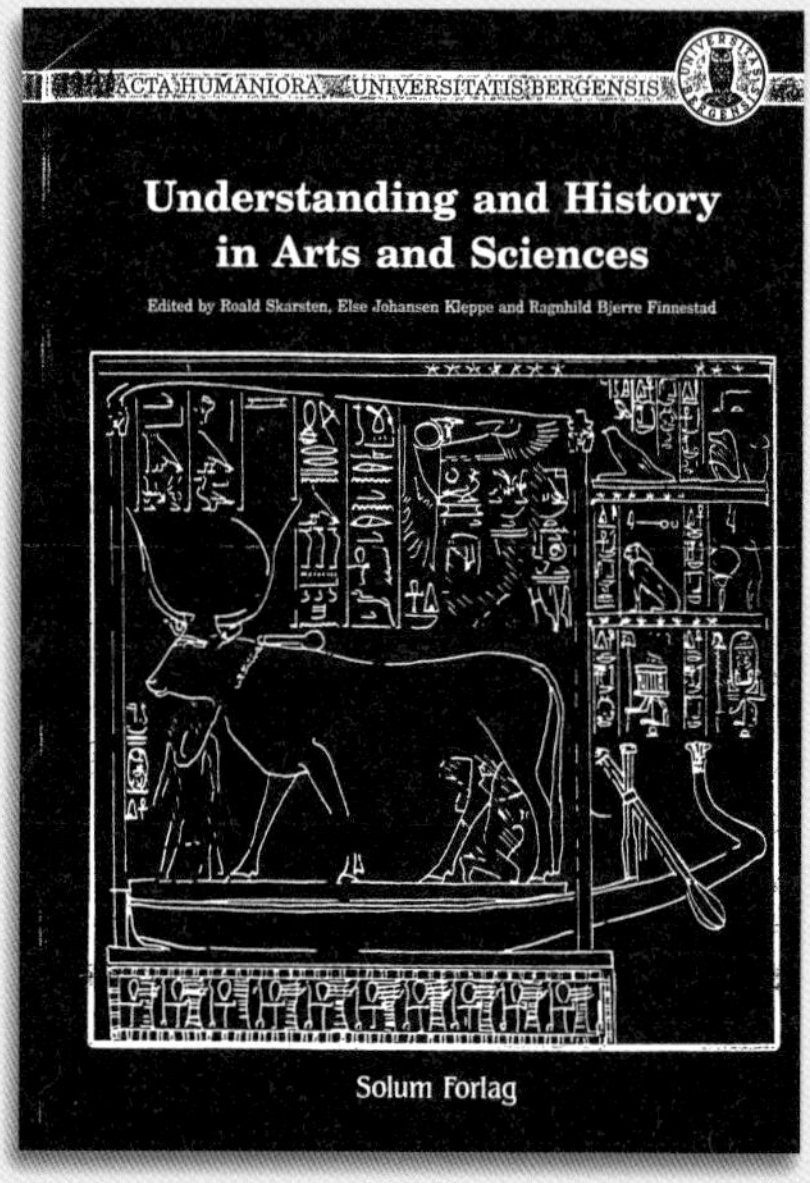

ノルウェーのベルゲン大学人文学学報
©Universitetet i Bergen

旧石器発掘捏造事件

遺跡の恣意的な解釈が突き進むと捏造の領域に近づく。解釈上の捏造もあるが、2000年11月に暴露された日本の旧石器時代遺跡の捏造事件のように「資料的根拠」の捏造もある。遺物自体を虚心坦懐にみるというのはありえず、人は問題関心に沿ってしか見ない／見えないことを徹底して思い知った経験である。

眼はレンズであって認識するのは脳である。解釈上の捏造、資料上の捏造は、一回限りの事ではなく、あってはならないが、また起きる危険性を常にはらんでいる。ドイツの考古学者ヤーコップ・フリーゼンが自著（1928年）のエピグラフ（題辞）に記しているように「科学的であることの前提は、信じることではなく、疑うことにある」

宮城県「座散乱木遺跡」の検証発掘調査（2002年）
石器を古い地層に埋め込んで遺跡が捏造された事件の後、国の科学研究費で大規模な検証発掘調査がおこなわれた。その結果、座散乱木（ざざらぎ）は前・中期旧石器時代の遺跡とする根拠はまったくないことが確認された。調査後、国史跡の指定は解除された。

19 感情を移入して過去を抱きしめればいいのか

「私の」でもなく「あなた＝他者」の歴史でもない、特定の属人的解釈にだけ引きつけて考古学的な遺跡を解釈するのではなく、客観的な存在としての歴史として叙述する意味を考える。

ジンバブウェ遺跡　©minami/PIXTA

「私の歴史」「他者の歴史」のはざまで大きく振れるジンバブウェ遺跡

ジンバブウェ遺跡は、ジンバブウェ共和国のジンバブウェ高原南端、サベ川の上流の標高約1000mに位置する大規模な石造建築遺跡である（上図）。

ジンバブウェ遺跡の廃墟が南アフリカの探検家によって19世紀後半に「発見」されると、精巧な石積建築がアフリカ人にできるはずがないとみて、旧約聖書のシバの女王の首都にちがいないとされた（右図）。しかし、1930～50年代の発掘で、アフリカ人自身の歴史の創造物であることが判明。ローデシア内戦後1980年に独立した際に国名をこの遺跡からとったことは有名である。

しかしまた、1980年代になってジンバブウェ博物館の館長のK. ムフカにより、黒人中心の狂信的人種主義的解釈がされるようになって逆に振れるなど揺れ動いてきた。

➡ジンバブウェ遺跡にシバの女王を投影した絵画
アフリカ人が築造したものではないとの認識にもとづいている（E. J. クレッペの論文中にこの挿画がある）。

20 考古学者が書いた歴史は面白くない？

考古学徒はみんな、歴史叙述に悩むのです。考古学の成果をスムーズに読みたいと思っている読者のことを考えると、キーボードを打つ手も何か金縛りにあったようになって、メランコリックな気分になる考古学者も多いのではないでしょうか。

なぜか。発掘で発見される物（遺物・遺構）はあくまでも具体的です。しかし、時代・時期・地域を歴史的に叙述するには何かが欠けすぎています。

戦前から史学方法論の教科書では、沈黙資料を扱う考古学は資料学の基礎として歴史学のしもべとして位置づけられ、史学系の学科出身が圧倒的に多い日本の考古学研究者は、歴史叙述の問題に関しては、はじめから心に傷を負って出発するのです。ただ、現在ではいわゆる歴史考古学の発展により、古代・中世・近世史は、文書に残らない考古学の豊富な成果と相補って、統合的な成果を生み出しています。

しかし、問題は物（遺物・遺構）のことだけではないようです。考古学の対象であっても歴史の叙述となれば、広い意味で何かを物語ることになります。そのためには物語る組み立てが必要になります。話の展開は歴史的に因果関係がはっきり理解できる形になっている必要があります。つまり「何が、どのような理由によって、どうなったか」が、結末をつけて語られていることが、ナラティヴ（物語る）の基準となるのではないでしょうか。

土器・石器の型式・形態学的記述だけでは「考古学研究」になっていても、それは記載的研究であって、歴史の叙述の試みではありません。つまり、土器・石器を製作し、流通し、使用した人びとのストーリーにはなりません。しかし、叙述は任意にできるのではなく、書いた内容が追証明や反対証明の可能性に開かれていることが科学としての基準です。

どんなスタンスで対象の時代を叙述すべきか、考古学はこれを積極的に扱ってきませんでした。文字がなければ具体的なことはわからないので、考古学は、ある文化を担った集団を、たとえば縄文時代中期の「火焔土器文化」*の人びとというように、即物的に表現してきました。考古学的には正しいあり方です。しかし、報告書の記載ならいいですが、一般書ですと、「つまらない」とか「歴史叙述ではない」と言われかねません。

一方、台湾まで二四二キロに近接した、沖縄県石垣島の白保竿根《しらほさおね》田原《たばる》洞窟発見の旧石器時代の人骨を「日本列島における人類の起源」と叙述せずに「日本人の起源」とすれば面白いのでしょうか。それは中間をすべて飛ばした「日本人」の超歴史的投影です。

歴史の叙述は関心をよぶかどうかだけではなく、歴史学としての鋭敏な用語の使い方が求められます。

＊**火焔土器文化**　土器の形が燃え上がる焔に似ていることから生まれた呼称である。縄文時代中期中ごろ（いまからおよそ五〇〇〇年前）に属し、信濃川の上・中流域、現在の新潟県津南町、十日町、長岡市を中心に分布する。この特徴ある土器の分布圏をこのように呼ぶ。

近藤義郎『前方後円墳の時代』
初版1983年／岩波文庫、2020年

史料との妥協を避け、考古学の方法に徹して遺物・遺構・遺跡・遺跡群から歴史を叙述しようとした試み。

桒畑光博『超巨大噴火が人類に与えた影響―西南日本で起こった鬼界アカホヤ噴火を中心として―』
雄山閣、2016年

過去の巨大噴火が人類社会に与えた影響を考古学と関連科学の成果をもとに災害史の視点で詳述した試み。

都出比呂志『古代国家はいつ成立したか』
岩波新書、2011年

人類学者が提起した「初期国家」の概念を古墳時代に適用し、考古学、文献史料、文化人類学の概念を組み合わせて弥生時代・古墳時代・古代律令国家期までを通して叙述する試み。

杉山浩平編『弥生時代・食の多角的研究―池子遺跡を科学する―』
六一書房、2018年

炭化種子、動物骨、魚骨、貝殻などの食料残滓、人骨など保存状態のよい一遺跡の事例を通して、弥生時代の食生活を多角的に解明する試み。

小畑弘己『縄文時代の植物利用と家屋害虫―圧痕法のイノベーション―』
吉川弘文館、2019年

縄文土器の中に封印されたタネやムシの痕跡情報を、土器圧痕法、X線法による分析の新手法によって復元し、縄文人の暮らしと植物・昆虫にたいする縄文人の意識にも迫ろうとする試み。

20 考古学者のさまざまな試み

考古学の研究は基礎的で地味なものだ。とはいえ、個別の論文ではなくまとまった著作には著者の問題意識が鋭く反映されている。究明する課題や接近の方法を絞り込んでさまざまな試みもおこなわれている。どのような試みの著作をとり上げるかの基準はもちろん多様である。いくつかの例をあげてみた。

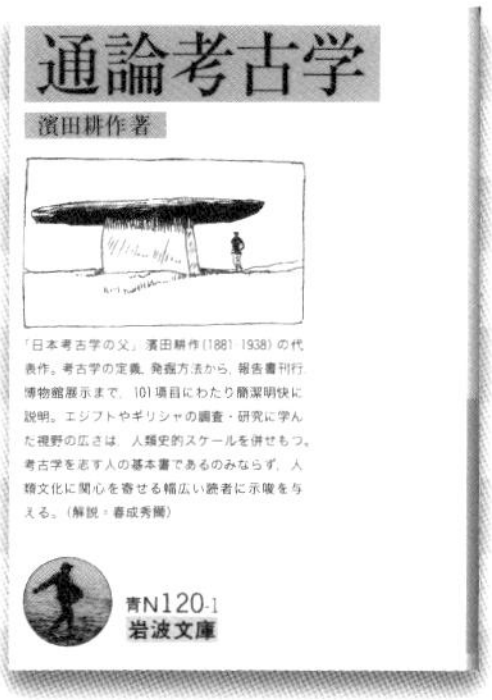

濱田耕作『通論考古学』
初版1922年／岩波文庫、2016年

考古学の全体像を人類史的スケールから足元の発掘の実際まで日本で最初に示した著作。刊行後1世紀を経てもなお新鮮さを失わず、簡潔で具体的な指摘はリアルである。

勅使河原彰『縄文時代史』
新泉社、2016年

研究テーマが細分化して全体像が見えにくくなっている現状に、時代の全体像を提示した試み。

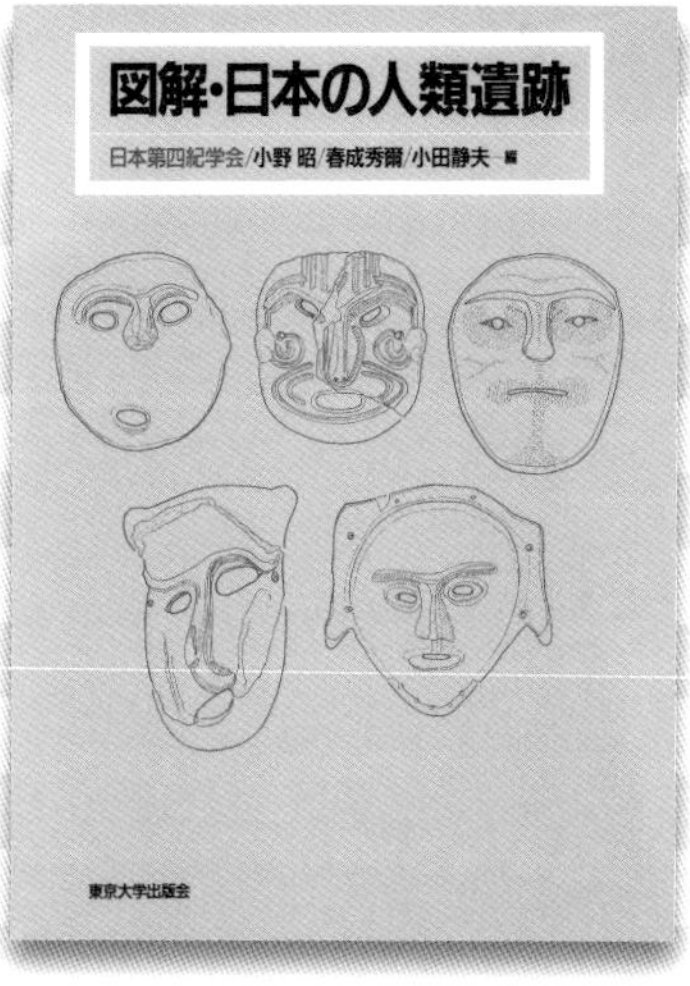

日本第四紀学会／小野昭・春成秀爾・小田静夫編『図解・日本の人類遺跡』
東京大学出版会、1992年

分布の中心地で歴史を描くのではなく、分布論的視点から中心と周辺を客観的に図化して提示した試み。

稲田孝司『先史日本を復元する1 遊動する旧石器人』
岩波書店、2001年

日本列島の旧石器時代の特徴や個性をとりあげ、道具、生活、社会、集団の移動などを通して縄文時代の開始までを通史としてダイナミックに描く。

石川日出志『シリーズ日本古代史1 農耕社会の成立』
岩波新書、2010年

考古学と文献史学の解釈が一致しなくても、それはむしろ今後の発展を導くというモチーフで弥生時代とその前後を考古学の方法で描く試み。

21 遺跡は誰のものか

遺物は発掘した組織のもの、大地から切り離せない遺跡は自治体、国のものと漠然と考えているかもしれませんが、扱いは単純ではありません。誰のものかという問いは、帰属をめぐる対立・争いの原因にもなります。現に、世界中で遺跡や遺物をめぐって対立・争いが起きています。

はるか先史時代の遺跡についてもそれを残した人びとと現在のわれわれを直接結びつけて、アイデンティティなどが語られる場合があります。地表からボーリングで土をくり抜いていって、近現代・近世・中世・古代・古墳・弥生・縄文・旧石器時代に到達しても、引き上げた土壌にはもっぱら日本史の土だけが詰まっていると考える「ボーリング的思考」は、視野狭窄に陥る危険性があります。日本史の延長として過去に時間が延長されてきた伝統の下にある日本考古学では、とくにこの点が強調されるべきでしょう。批判は承知で、一度は「過去は他人の国」という懐疑のフルイを通す必要があります。

問題を単純化させるために、例として国境を越える遺跡をとり上げてみましょう。複数の国家の文化財保護法にまたがる世界遺産、古代ローマのハドリアヌス帝の長城*とよばれる遺跡があります。ブリテン島の東端から西端まで長城が連なっています。これはイギリスの世界遺産でしたが、範囲を拡大してドイツの資産とイギリスの他の資産も加え、点の遺跡が国境を越えて世界遺産になりました。遺跡は誰のものかを考える際、保護と活用の責任の所在と遺跡の価値の共有のあり方など、多くの示唆をあたえます。

ドイツとイギリスで文化財保護法は異なりますが、そこで発見された遺跡はその国できちんと保護し利活用する権利義務を負っています。しかし研究の成果は、関心をもっている世界の人びとに理念として開かれているという点が重要です。

そこで発見されたものは、その国の文化財保護法で保護されているのですから、当然そこの国の者が共有する義務も権利もあります。日本の遺跡保護の制度と運用はきめが細かく、世界的に目を見張るものがあります。しかし、国が保護のありかたを「文化資源として活用」する方向に大きく舵を切ったので、県、市、町、村がそれに沿って遺跡を「自分たちの行政区内にある活用資源」としてのみ強調すると、文化財保護本来のすがたにズレが生ずることになります。遺跡保護の理念は、人類に共有されているように構想することが二一世紀の帰属問題の扱い方であると思います。はるか過去の人びとが残した遺跡を今の人が扱うので、「誰のものでもない」が、「万人のものである」という、まるで二律背反にみえることが、じつは真実を突いているのです。

＊ハドリアヌス帝の長城
ローマの皇帝（五賢帝のうち三番目）のハドリアヌス（七六−一三八）がブリテン島の北部に築いた防壁で、ブリテン島の東端から西端まで約一一八キロにおよぶ。対ケルトの軍事上の防衛線として一二二年から一〇年間かけて築造された。

バーミヤンの大仏（1932年、尾高鮮之助撮影）
アフガニスタンの首都カーブルの北西230kmのヒンドゥークシュの山岳地にあり、6世紀から7世紀にかけて巨大な仏像が岩壁に彫られた。唐の僧玄奘は『大唐西域記』（646年）に、「高さ百四、五十尺の石造りの立像があり、金色に輝き、宝飾がきらきらしていた」と書き残している。

爆破されたバーミヤンの大仏
アフガニスタン、バーミヤンの大仏（磨崖仏）は政治的な意図をもって文化財が破壊された典型である。タリバーンが2001年2月26日に破壊宣言。国際連合総会は全会一致で破壊中止決議を採択したが、同年3月10日前後に爆破された。

現代社会の多様な価値基準を反映する文化財

古代ローマの征服地における建築物は、現地でどのような労働の挑発によって造られたかは現在の文化財保護で直接に問題とならない。しかし、近現代に近づくほど、文化財が日本にあるからと言って、国の中の事情だけで完結できるとは限らない。「明治日本の産業革命遺産：製鉄・製鋼、造船、石炭産業」が8県にまたがる23の構成資産で2015年に世界遺産に登録された。しかし登録の過程で韓国は、とくに長崎県の端島（通称・軍艦島）を焦点に、強制動員（徴用）をめぐり登録に反対し、反対運動も広がったことは記憶に新しい。

原爆ドームの世界遺産登録では、アメリカは反対し、中国は賛否を保留した。戦争のための核実験、独裁政治、人種差別、虐殺、人身売買など二度とくり返してはならない「記憶にとどめるべき」負の文化財・記念物も世界に少なからずある。

私たちは現代社会に身を置いて、積極的に顕彰すべき遺産と負の遺産の両方の文化財に向き合う。しかし、近現代の文化遺産に関しては、世界遺産の登録の場合がもっとも顕著であるが、その時の国家の政治的状況やナショナル・インタレストが鋭くあらわれるのが現実である。

端島（軍艦島）

21 現代社会と文化財

巨視的に見ると、世界の文化財保護は1990年代以降文化の多様性を尊重する方向で進んできた。しかし、偏狭な民族主義が台頭すると、国際間だけでなく国内的にも文化財が顕彰すべきものと排除すべきものとに選別され、排除された文化財は憎悪の対象となりやすい。紛争を国際法だけで解決することは難しい。

©Alistair Young

文化財の破壊

国家間の戦争、一国内における民族、部族の内戦によって、憎悪が象徴的な記念物などの文化財におよび、憎しみの対象となり、破壊される悲劇がおきる。

モスタルの橋
旧ユーゴスラビアのボスニア・ヘルツェゴビナにあるモスタルの旧市街に架かるスターリ・モスト（古い橋）は、多民族共存の象徴であったが、ボスニア内戦時1993年に標的となって破壊された。2004年に再建。

「武力紛争の際の文化財保護議定書」（ハーグ条約）

1954年に採択された。しかし1990年代には宗教対立や民族紛争で敵対する宗教、民族の象徴的な文化財が攻撃されるようになった。そのため締結国間の武力紛争だけでなく内戦などの紛争にも適用される第二議定書が2004年に発効した。日本は2007年にこれを批准し国会で承認された。

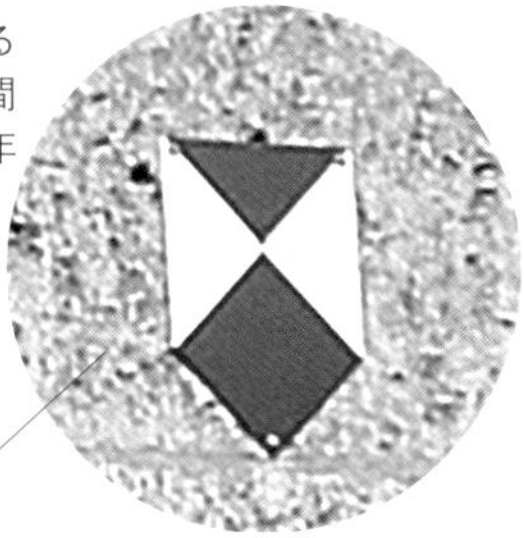

ブルーシールド（Blue Shield）
武力紛争時に攻撃を回避すべき文化財・記念物を示す標章で、1954年にハーグ条約で指定された。青色と白色で盾の形をあらわす。現在は武力紛争だけでなく、自然災害から文化財を守る標章としても機能している。ブルーシールドは、貴重な蔵書を保有している図書館などにも掲げられている。ミュンヒェンのドイツ博物館敷地内の図書館入口にもブルーシールドの標章がある。

あとがき

シリーズ「遺跡を学ぶ」にはビジュアル版時代別ガイドブックが、『旧石器時代ガイドブック』から『古墳時代ガイドブック』まであります。本書はそれらとはちがって、時代と地域の枠をとり去ったガイドブックです。時代の概説でもなく方法の入門書でもありません。全体を二一の主題に絞り、それぞれの項を一〇〇〇字前後にまとめた案内です。

本書は、読者が日常的に接する考古学の情報や目にする考古学の現象について、基本的で多角的な視点から光をあてることで、考古学への興味や関心をいっそう深く立体的化することを目標にしました。著者の問題関心を中心に、身近で具体的なものから大きな問題にむかって配列しました。とはいえ、とり上げられなかった問題もたくさんあります。日頃考古学に接するなかで浮かび上がる問いを、どのように現代社会との結びつきのなかでガイドできるかに意を注ぎました。成否のほどはみなさまの判断におまかせしたいと思います。

考古学の方法論一般や研究法については、わずかに触れたところがある程度です。本文執筆の過程でとくに以下のみなさまからご教示をいただきました。お名前を記し感謝の気持ちをお伝えします。石川日出志、小澤毅、岸本雅敏、瀬川拓郎、堤隆、勅使河原彰、長沼正樹（五十音順、敬称略）。また、図版の選択と作成には著者の力にあまるところが多く、安倍雅史、石井克己、小杉康、高橋満、堤隆、勅使河原彰、野口淳、三上徹也（五十音順、敬称略）のみなさまにはいくつかの図版頁を作成いただきました。該当の頁に図版の先取権（priority）の所在を明示するため、「構成と文」としてお名前を記してあります。そのほか本シリーズの田中晋作、田中弘志、布尾和史、町田賢一、森清治（五十音順、敬称略）の著作を参考にさせていただきました（巻末引用文献に表記）。

広く多様なテーマを盛り込んだため思わぬまちがいがあるかもしれません。それはもっぱら著者の責任です。最後に、本文の文字数を圧縮する必要から抽象的な表現に流れたところを具体的な表現にかえるため、編集部の竹内将彦さんには多くの提案をいただき、改善することができました。とりくみはじめてから予想を超えて長い時間が経過しました。ここにお名前を記していない方がたもふくめ、励ましていただいたすべてのみなさまに心からお礼をもうしあげます。

二〇二〇年八月二〇日　コロナ・ウィルス感染症パンデミックの状況下に記す

小野　昭

【02 なぜ発掘調査がおこなわれているのか】

稲田孝司 二〇一四『日本とフランスの遺跡保護―考古学と法・行政・市民運動―』岩波書店
＊考古学をめぐる保護法、遺跡の保護にあたる行政、遺跡保存の市民運動の相互の緊張関係の歴史と現状を具体的に究明し、フランスとの比較から今後の課題を提起している。

文化財保存全国協議会（編）二〇一七『文化財保存70年の歴史―明日への文化遺産―』新泉社
＊戦後の保存運動の展開を歴史的な段階に即して試みた一つの総括である。苦闘の軌跡の中に今後への資源があることを示す。保存運動側からする生の資料が豊富にある。

【05 土器の編年が考古学を鍛えてきた】

長友恒人（編）一九九九『考古学のための年代測定学入門』古今書院
＊放射性炭年代測定についての平易な解説がある。

兼岡一郎 一九九八『年代測定概論』東京大学出版会
＊自然科学的な方法で〝時〟を求めるとはどういうことか。さまざまな年代測定法の原理を総合的に解説した内容で、年代測定の基礎に関心のあるひとは目をとおしたい。

【06 さまざまな時間感覚】

藤井理行・本山秀明（編著）二〇一一『アイスコア―地球環境のタイムカプセル―』極地研ライブラリー 成山堂書店
＊国立極地研究所の研究成果の一端を一般むけにまとめた内容である。極地の氷の分析から古気候と古環境のシグナルを読むことで、地球環境問題の理解を深めることができる。やや専門的。

青山和夫・米延仁志・坂井正人・高宮広土（編）二〇一四『文明の盛衰と環境変動―マヤ・アステカ・ナスカ・琉球の新しい歴史像―』岩波書店
＊湖沼の年縞堆積物の調査の歴史的経緯などをやさしく読める。

【14 復元とそれを確かめるには】

Clarke, D. and Maguire, P. 1989 *Skara Brae: Northern Europe's Best Preserved Prehistoric Village*. Historic Scotland (Historic Buildings and Monuments, Scotland)
＊スコットランドのオークニー諸島にある新石器時代スカラ・ブレ遺跡の解説パンフレット。事実記載

は立体字で、解釈は斜字体で印刷されていて、見学者は発掘してわかった事実の記述と、その解釈をわけて理解できるように配慮されている。

【17 分布の広がりと国家】

エガース・H・J（田中琢・佐原真訳）一九八一『考古学研究入門』（原書一九五九）岩波書店
＊考古学の方法の正確な理解、考古学における資料批判の性格、分布論の特性などについていまでも多くの示唆をあたえる。

【19 私の歴史？ 他者の歴史？】

グラック・Cほか 一九九四「特集：近代の文法」『思想』八四五 岩波書店
＊「国民」「国文学」「国土空間」「臣民」「万歳」「運動会」などが明治の国民国家形成時に創り出されたものであることを深く解明している。

【21 遺跡は誰のものか】

中村俊介 二〇一九『世界遺産―理想と現実のはざまで―』岩波新書
＊新聞記者としての問題意識から、世界遺産が現実にもつ複雑さ、問題点、登録過程への政治的介入など、現場の取材をふまえ、理想と現実の濃淡をリアルにえぐる。

西村幸夫・西川亮 二〇〇九「国境を越える文化遺産登録へ向けた国際協調」『世界遺産年報二〇〇九』社団法人日本ユネスコ協会連盟
＊複数の国をつなぐ世界遺産の点、線、面。その登録に関するとり組みと課題を解説。

西村幸夫・本中眞（編）二〇一七『世界文化遺産の思想』東京大学出版会
＊世界文化遺産の歴史・制度の背景にある理念から現場の課題まで多面的にとり上げられている。また、世界文化遺産に限定されず、広く文化遺産の保護に共通する示唆に富むさまざまな提言がされている。

Lowenthal, D. 1985 *The Past is a Foreign Country*. Cambridge University Press.
＊遺跡はそれを築いた過去の人だけのものでなく、はるか後の人びとへの証でもある。また遺跡は当時の精神を体現するだけでなく現在への展望も体現している。過去と現在の双方向の対話の構造を示す。

引用文献

→該当項目

小野昭・石原正敏・小熊博（編）1993『長者岩屋岩陰—第 1 次・2 次調査報告—』新潟県岩船郡朝日村文化財報告書第 9 集 → 03
小野昭（編）2002『新潟県小千谷市真人原遺跡Ⅲ』東京都立大学考古学報告 7 → 04
小野昭・島田和高・橋詰潤・吉田明弘・公文富士夫（編）2016『長野県中部高地における先史時代人類誌－広原遺跡群第 1 次～第 3 次調査報告書』明治大学黒耀石研究センター資料・報告集 1 → 02
小野昭（編）2019『人類と資源環境のダイナミクスⅠ　旧石器時代』明治大学黒耀石研究センター叢書，雄山閣 → 02
小野昭 2007『旧石器時代の日本列島と世界』同成社 → 07
座散乱木遺跡発掘調査団 2003『宮城県岩出山町・座散乱木遺跡検証発掘調査報告書』平成 15 年度文部科学省科学研究費補助金特別研究促進費（1）研究代表者：矢島國雄（研究課題番号 13800009） → 19
芝康次郎 2020「埋蔵文化財関係統計資料（2019 年度版）の解説と分析」『月刊文化財』7・8 合併号 → 02
謝花弘 2010「はじめに」『今帰仁村の文化財』今帰仁村文化財ガイドブック Vol.2 → 15
シュピンドラー，K.（畔上司訳）1994『5000 年前の男—解明された凍結ミイラの謎—』文藝春秋 → 16
高崎市教育委員会編 2010『史跡日高遺跡』高崎市文化財調査報告書 257 → 12
田中晋作 2016『古市古墳群の解明へ　盾塚・鞍塚・珠金塚古墳』シリーズ「遺跡を学ぶ」105，新泉社 → 06
田中弘志 2008『律令体制を支えた地方官衙　弥勒寺遺跡群』シリーズ「遺跡を学ぶ」046，新泉社 → 08
チャイルド，V. G.（近藤義郎訳）1964『考古学の方法』（原著 1956）河出書房新社 → 01
堤隆 2009『ビジュアル版　旧石器時代ガイドブック』シリーズ「遺跡を学ぶ」別冊 02，新泉社 → 06
當眞嗣一 2020『琉球王国の象徴　首里城』シリーズ「遺跡を学ぶ」145，新泉社 → 15
徳永重康（編）1934『第一次満蒙学術調査研究団報告』第一部，満蒙学術調査研究団事務所 → 17
布尾和史 2013『北陸の縄文世界　御経塚遺跡』シリーズ「遺跡を学ぶ」87，新泉社 → 08
町田賢一 2018『日本海側最大級の縄文貝塚　小竹貝塚』シリーズ「遺跡を学ぶ」129，新泉社 → 16
松田陽・岡村勝行 2012『入門パブリック・アーケオロジー』同成社 → 15
森清治 2019『ドイツ兵捕虜の足跡　板東俘虜収容所』シリーズ「遺跡を学ぶ」139，新泉社 → 15
山崎真治 2015『島に生きた旧石器人　沖縄の洞穴遺跡と人骨化石』シリーズ「遺跡を学ぶ」104，新泉社 → 20
Egg, M., Goedecker-Ciolek, R., Groenman-van Waateringe, W., Spindler, K. 1992 Die Gletchermumie vom Ende der Steinzeit aus den Ötztaler Alpen. Sonderdruck aus *Jahrbuch des Römisch-Germanischen Zentralmuseums, 39*. Mainz. → 16
Höpfel, F., Platzer, W., Spindler, K.（Hrsg.）1992 Der Mann im Eis, Band 1. *Veröffentlichungen der Universität Innsbruck, 187*. → 16
Jacob-Friesen, K. H. 1928 Grundfragen der Urgeschichtsforshung. *Veröffentlichungen der Urgeschichtlichen Abteilung des Provinzial-Museums zu Hannover, Band 1*. Helwingsche Verlagsbuchhandlung,Hannover. → 19
Keefer, E. 1992 *Die Suche nach der Vergangenheit*. Württembergishes Landesmuseum Stuttgart. → 17
Kleppe, E. J. 1991 My History Your History or the History. *Acta Humaniora, Universitatis Bergensis, 1*. → 19
Lüth, F., Olivier, A., Willems, W. 2000 Europas Landesarchäologen rücken zusammen. *Archäologie in Deutschland, Heft 2*. → 18

写真提供（所蔵、該当頁に表記したものを除く）
【01】植物考古学・環境考古学・遺伝子考古学・実験考古学・民族誌考古学：工藤雄一郎／里浜断面調査：奥松島縄文村歴史資料館　【02】三内丸山遺跡の大規模な発掘調査：三内丸山遺跡センター／広原第１遺跡：明治大学黒耀石研究センター　【03】発掘調査の過程：浅間縄文ミュージアム　【04】土器の 3D 計測のイメージ：野口淳／土器の 3D 計測データの展開図：大田区立郷土博物館／石室内部 3D 画像：和歌山県立紀伊風土記の丘資料館／真人原遺跡：小野昭（編）2002『新潟県小千谷市真人原遺跡 III』東京都立大学考古学報告７　【05】井戸尻遺跡出土の土器：小川忠博／自由学園南遺跡の土器：東久留米市郷土資料室　【07】六日町藤塚遺跡の土器集石遺構：新潟県教育委員会　【08】御経塚遺跡の発掘状態：野々市市教育委員会／弥勒寺東遺跡郡庁院跡第 3・4 次調査発掘区・郡庁院（Ⅰ期）の復元：関市　【10】藤内遺跡第 9 号住居跡の出土状態・同復元：井戸尻考古館　【11】砂川遺跡出土のナイフ形石器：明治大学博物館／弥生町遺跡出土の土器：東京大学総合研究博物館／雪野山古墳出土の三角縁神獣鏡：東近江市　【13】ピラミッド、始皇帝陵、大山古墳の墳丘比較模型：堺市博物館／ウエスト・ケネット長形墳の石室内部：岸本雅敏　【14】5000 年前の縄文女性の復元像：浅間縄文ミュージアム／古墳時代の集落復元ジオラマ：群馬県立歴史博物館／黒井峯・西組遺跡の出土写真：渋川市教育委員会　【15】板東俘虜収容所要図：ドイツ日本研究所 DIJ: D-3 ／兵舎跡・兵舎の基礎・製パン所跡：鳴門市教育委員会／ふくしま震災遺産保存プロジェクト：福島県立博物館　【16】小竹貝塚出土の１号人骨：富山県埋蔵文化財センター／小竹貝塚 28 号人骨の復顔：町田賢一　【17】第一次満蒙学術調査研究団の調査風景：駒澤大学禅文化歴史博物館　【18】IS（イスラム国）によって爆破されたベル神殿：Houmam Saad ／破壊された地下墓・保存修復の研究：西藤清秀／考古学の教科書作成・『マンガで読む文明の起源　シリアの先史時代』：常木晃／パキスタンの砂漠地帯の発掘調査：野口淳　【19】宮城県「座散乱木遺跡」の検証発掘調査：座散乱木遺跡発掘調査団 2003『宮城県岩出山町・座散乱木遺跡検証発掘調査報告書』【21】バーミヤンの大仏・爆破されたバーミヤンの大仏：東京文化財研究所／端島（軍艦島）：長崎市

図版出典（一部改変）
【01】過去の環境変化：工藤雄一郎　【05】層位学的方法：藤森栄一（編）1965『井戸尻』中央公論美術出版　【08】御経塚遺跡「ブナラシ地区」実測図：野々市町教育委員会 2003『御経塚遺跡Ⅲ』／弥勒寺東遺跡郡庁院跡実測図：関市教育委員会 2007『国指定史跡　弥勒寺官衙遺跡群』【10】縄文時代の住居図：後藤祥夫　【11】砂川遺跡出土のナイフ形石器図：戸沢充則 1968「埼玉県砂川遺跡の石器文化」『考古学集刊』4-1 ／弥生町遺跡出土の土器図：篠原和大 1996「弥生町の壺と環濠集落」『東京大学文学部考古学研究室紀要』14 ／雪野山古墳出土の三角縁神獣鏡図：八日市市教育委員会 1996『雪野山古墳の研究　報告編』／棚畑遺跡の遺構図：茅野市教育委員会 1990『棚畑』【13】始皇帝陵の概略図（原図）：鶴間和幸 2015『人間・始皇帝』岩波新書　【15】板東俘虜収容所製パン所跡実測図：鳴門市教育委員会 2012『板東俘虜収容所跡調査報告書』【16】小竹貝塚人のハプログループ頻度：篠田謙一 2014「DNA 分析」『小竹貝塚発掘調査報告 10』財団法人富山県文化振興財団埋蔵文化財調査事務所／小竹貝塚人の食性：米田穣 2014「炭素・窒素安定同位体分析」『小竹貝塚発掘調査報告 10』【17】最古の土器が出現した地域の広がり：橋詰潤 2019「土器の出現をめぐる最近の動向」小野昭（編）『人類と資源環境のダイナミクスⅠ　旧石器時代』明治大学黒耀石研究センター叢書，雄山閣

＊上記以外は著者

遺跡には感動がある

――シリーズ「遺跡を学ぶ」刊行にあたって――

「遺跡には感動がある」。これが本企画のキーワードです。

あらためていうまでもなく、専門の研究者にとっては遺跡の発掘こそ考古学の基礎をなす基本的な手段です。また、はじめて考古学を学ぶ若い学生や一般の人びとにとって「遺跡は教室」です。

日本考古学では、もうかなり長期間にわたって、発掘・発見ブームが続いています。そして、毎年厖大な数の発掘調査報告書が、主として開発のための事前発掘を担当する埋蔵文化財行政機関や地方自治体などによって刊行されています。そこには専門研究者でさえ完全には把握できないほどの情報や記録が満ちあふれています。しかし、その遺跡の発掘によってどんな学問的成果が得られたのか、その遺跡やそこから出た文化財が古い時代の歴史を知るためにいかなる意義をもつのかなどといった点を、莫大な記述・記録の中から読みとることははなはだ困難です。ましてや、考古学に関心をもつ一般の社会人にとっては、刊行部数が少なく、数があっても高価なその報告書を手にすることすら、ほとんど困難といってよい状況です。

いま日本考古学は過多ともいえる資料と情報量の中で、考古学とはどんな学問か、また遺跡の発掘から何を求め、何を明らかにすべきかといった「哲学」と「指針」が必要な時期にいたっていると認識します。

本企画は「遺跡には感動がある」をキーワードとして、発掘の原点から考古学の本質を問い続ける試みとして、日本考古学が存続する限り、永く継続すべき企画と決意しています。いまや、考古学にすべての人びとの感動を引きつけることが、日本考古学の存立基盤を固めるために、欠かせない努力目標の一つです。必ずや研究者のみならず、多くの市民の共感をいただけるものと信じて疑いません。

二〇〇四年一月

戸沢充則

著者紹介

小野昭（おの・あきら）

1946年新潟県高田市（現・上越市）生まれ。

明治大学文学部卒業。岡山大学法文学専攻科修了。博士（文学）北海道大学。

奈良国立文化財研究所、岡山大学助手、新潟大学教授を経て東京都立大学教授を2009年定年退職。日本第四紀学会会長、日本旧石器学会会長、アジア旧石器協会（APA）会長、国際記念物遺跡会議（ICOMOS）考古遺産管理国際学術委員会副会長、明治大学特任教授（黒耀石研究センター長）などを務める。東京都立大学名誉教授。

主な著書『打製骨器論—旧石器時代の探求—』東京大学出版会（2001）、『ネアンデルタール人奇跡の再発見』朝日選書（2012）、『ドナウの考古学—ネアンデルタール・ケルト・ローマ—』吉川弘文館（歴史文化ライブラリー、2024）など。訳書G.ボジンスキー『ゲナスドルフ—氷河時代狩猟民の世界—』六興出版（1991）。

シリーズ「遺跡を学ぶ」別冊05

ビジュアル版　考古学ガイドブック

2020年 11月　1日　第1版第1刷発行
2024年　5月 25日　第1版第2刷発行

著　者＝小野昭

発行者＝新泉社
東京都文京区湯島1－2－5　聖堂前ビル
TEL 03（5296）9620 ／ FAX 03（5296）9621
印刷／三秀舎　製本／榎本製本

ISBN978-4-7877-2030-6　C1021

シリーズ「遺跡を学ぶ」別冊　ビジュアル版ガイドブック

別冊02
ビジュアル版　旧石器時代ガイドブック
堤　隆

アフリカに生まれた私たち現生人類は〝偉大なる旅〟をへて、およそ四万年前の日本列島にたどり着いた。ここから始まる旧石器時代、人びとはどう生きたのか。氷期の自然環境、大型哺乳類、旧石器人の暮らしや文化・芸術、社会などをビジュアルに解説する。

1500円＋税

別冊03
ビジュアル版　縄文時代ガイドブック
勅使河原彰

日本列島に一万年近くつづいた縄文時代。それは自然と対話し、共生する道を選んだ縄文人の世界だ。原始工芸の極致とよべる縄文土器、四季折々の多彩な生業、高水準の木工・編み物、見事な装飾品、土偶などの呪具、集落や社会などをビジュアルに解説する。

1500円＋税

別冊06
ビジュアル版　弥生時代ガイドブック
安藤広道

紀元前一〇世紀頃、無文土器文化との接触により九州北部の縄文文化が変容を遂げてはじまった弥生文化。水田稲作・畠作の定着、集落の多様化と集落間関係の複雑化、拡大していく社会とそれを支えた祭祀の発達など、弥生文化のダイナミズムをビジュアルに解説する。

1700円＋税

別冊04
ビジュアル版　古墳時代ガイドブック
若狭　徹

三世紀中頃から三五〇年にわたって、日本列島に多数の前方後円墳が造られた。世界でも稀にみる巨大墳墓はなぜ造られ、いかなる社会的役割を負っていたのか。ヤマトと地方の王の関係、生産システムやムラの実態、東アジアとの交流などをビジュアルに解説する。

1500円＋税